育英科技课程系列丛书

丛书主编　于会祥
丛书副主编　梁秋颖

Python 基础探究
学习指南

野雪莲　著

机械工业出版社
CHINA MACHINE PRESS

本书是"育英科技课程系列丛书"之一,由《学习指南》和《实践指南》2个分册组成。本分册为《学习指南》,共6章,围绕Python基础知识的学习脉络,基于在学习过程中可能出现的疑问,以问题的方式引发思考并开展探究,启发你带着疑问主动开展探究式学习,在知识探究学习的基础上紧跟实践运用,并引导你在实践中发散思维,抓住实践中的新思考或疑问拓宽知识。在解析知识要点的同时重点关注思考过程中的灵感与疑问,帮助你在思考中建立兴趣、厘清思维逻辑、感受创新成就、挑战自主项目,激发你的好奇心与想象力,充分发掘思维潜能。

　　本分册适合初次接触Python代码编程的小学高年级及初中学生使用,也可作为中小学教师开展编程教学的参考用书。

图书在版编目(CIP)数据

Python基础探究. 学习指南 / 野雪莲著. -- 北京：机械工业出版社, 2024. 8. -- ISBN 978-7-111-76300-0

Ⅰ. G634.673

中国国家版本馆CIP数据核字第20240FS849号

机械工业出版社（北京市百万庄大街22号　邮政编码100037）
策划编辑：熊　铭　　　　　　　　责任编辑：熊　铭　张晓娟
责任校对：张勤思　张慧敏　景　飞　责任印制：张　博
北京联兴盛业印刷股份有限公司印刷
2024年9月第1版第1次印刷
184mm×260mm・8印张・128千字
标准书号：ISBN 978-7-111-76300-0
定价：79.00元（共2册）

电话服务　　　　　　　　　　　　网络服务
客服电话：010-88361066　　　　　机 工 官 网：www.cmpbook.com
　　　　　010-88379833　　　　　机 工 官 博：weibo.com/cmp1952
　　　　　010-68326294　　　　　金　书　网：www.golden-book.com
封底无防伪标均为盗版　　　　　机工教育服务网：www.cmpedu.com

育英科技课程研究小组

组　　长　梁秋颖

副组长　鲁婷婷

成　　员（以姓氏拼音排序）

丁曼旎　李豆豆　李　佳　李玮琳　牛冬梅

强　荣　孙宇阳　徐　娟　薛　晖　野雪莲

詹　静　张　花　张婷婷　赵运华

丛书序

　　科学教育是关乎全局和未来的大事。回望历史，科学打开了人类进步的大门。如果没有科学，人类可能仍然行走在黑暗之中，整日忙于生计却仍难以果腹，更无法摆脱愚昧的枷锁。展望未来，新一轮科技革命和产业变革正在重构全球创新版图、重塑全球经济结构。科技进步不仅改变着我们所处的世界，也深刻影响着国家前途命运和人民生活福祉。中小学阶段是孩子成长的拔节孕穗期，也是树立科学信念、增强科学素养的关键时期，这一阶段对于深化拔尖创新人才早期培养、构建支撑科技自立自强的人才链具有重要意义。

　　如何做好科学教育，已经成为摆在每一所中小学学校面前的时代课题。2023年5月，教育部等十八部门联合印发了《关于加强新时代中小学科学教育工作的意见》，文件明确指出，推动中小学科学教育学校主阵地与社会大课堂有机衔接，提高学生科学素质，培育具备科学家潜质、愿意献身科学研究事业的青少年群体，培养社会主义建设者和接班人。

　　北京育英学校从西柏坡一路走来，在赓续红色基因的同时，将科学教育作为为党育人、为国育才的重要抓手，专门成立跨学科教研团队，汇集数学、物理、化学、生物学、劳动、历史、信息科技、科学等学科的优秀师资力量，持续推进科技课程建设，实施启发式、探究式教学，探索项目式、跨学科学习，成功走出了一条科学教育特色办学之路。2023年5月31日，习近平总书记在育英学校考察时指出，科学实验课是培养孩子们科学思维、探索未知兴趣和创新意识的有效方式。总书记希望同学们从小树立"科技创新、强国有我"的志向，当下勇当小科学家，未来争当大科学家，为实现我国高水平科技自立自强做贡献。

　　我曾经沿着总书记的足迹到育英学校调研，从学生农场到科学教室，从课程教学到校园文化，边走边看，边学边悟，深刻感受到科学教育在这里深深扎根、悄然开花的育人魅力。在育英学校，学生可以在农作物种植中学习科学，可以在过山车实验中探究科学，甚至在教学楼后面还专门设有一处名为"科技苑"的活动区，学生可以利用课余时间，通过声聚焦、比扭力等30余件科技互动室外实验装置体验科学……

在育英学校调研时，育英学校于会祥书记讲了一个发人深省的育人故事。十多年前，学校有一名学生，他从小就非常喜欢研究昆虫，立志成为中国的法布尔。然而，爱好昆虫的他却受到了个别教师的一些质疑，认为他不以学业为重，不务正业。学校为了更好地保护他的好奇心、探求欲，激励更多学生爱科学、学科学、用科学，专门为他建造了一间开展昆虫研究的实验室，并以他的名字来命名。学校的支持与鼓励极大地激发了他的科学热情，他率先成立了昆虫社团，并最终顺利考入了心仪的大学。如今，育英学校已经拥有100多个学生自主社团，其中42个是科技社团。科学的种子正在一批又一批的育英学子心中生根、发芽、开花、结果。

经过长期探索与实践，育英学校科学教育体系化建设取得了显著成效，科技课程设置、教学创新、资源开发、环境营建等浑然一体，"做中学""玩中学"蔚然成风。在此基础上，"育英科技课程系列丛书"应运而生。它绝不是一套浅尝辄止的资料汇编，而是一份凝结了师生智慧、历经实践检验的行动指南。它对于中小学学校在"双减"政策背景下如何做好科学教育加法具有重要的借鉴和指导意义。

"育英科技课程系列丛书"内容丰富，第一期共有9个分册，努力做到了课程与配套资源的互补，保证学生在课上和课下的学习都能得到全方位的支持。目前，育英学校将科技课程纳入课表，作为正式课程实施，面向每一位学生开展跨学科教学和实践育人活动，以师生行动助推科学教育不断完善和优化。

其中，《综合科学》有4个分册，重点关注学生怎么学，遵循"知—思—行—达"目标体系，以学生为主体，在内容和方法上培养学生的创新思维和创新能力。考虑到不同层次学生的学习需求，我们根据项目任务的难度和复杂程度对项目进行了分类，并依据解决每一个项目问题所用的思维方法确定主要的表现性任务，进阶地设计了不同级别的课程。在这一过程中，教师不仅是学习的指导者，还是学习过程的评估员。项目注重运用评价量规进行过程性评估和结果检测，以监督学生实实在在地开展综合性学习实践。

《科学研究指南》分册以科学研究的基本流程为内容，为学生进行自主探究提供帮助。整体框架以科学研究流程为基础，涵盖了提出问题、进行猜想与假设、制订计划与方案、收集与整理数据、分析与总结、得出结论、形成成果以及展示成果等环节。学生只需阅读全书并根据提示将思考记录下来，就能在不知不觉中完成一次完整的科学研究。

《综合科学 学生自主探究成果集》分册是在学生完成《综合科学》学习之后，以学生自主探究思考与实践所取得的成果为主要内容的30个作品集锦。

《初中数学建模》分册从初中数学内容出发，给出了15个数学模型案例，这些案例旨在培养学生运用数学语言描述实际问题，运用数学知识和信息技术手段分析和解决实际问题，从而激发学生数学学习和探究科学的内生动力，增强他们的科学创新能力。

《初中数学建模 学生自主探究成果集》分册是在学生完成《初中数学建模》学习之后，以学生自主探究思考与实践所取得的成果为主要内容的47个作品集锦。

《Python基础探究》分册由《Python基础探究 学习指南》和《Python基础探究 实践指南》组成，从学生的思维发展入手，引导学生去主动思考、构建逻辑、创新实践，让学生在自己的主动思考中获得成就。《Python基础探究 学习指南》以问题探究的方式引导学生带着疑问主动学习，在掌握基础知识的同时建立兴趣、厘清思维逻辑。《Python基础探究 实践指南》以项目实践的方式，引领学生带着知识和技术走进生活中的实际情境，探究使用计算机程序设计创造性地解决问题的方法。

"日出江花红胜火，春来江水绿如蓝。"科学教育的春天扑面而来，我们要抓住机遇、乘势而上，从育英学校的科技教育实践中汲取智慧、积蓄力量，因地制宜构建科技课程与资源体系，创新课堂教学方式，深入实施启发式、探究式、项目式学习，广泛开展丰富多彩的学生科技社团与兴趣小组活动，引导学生培养科学精神、增强科技自信自立、厚植家国情怀，编织当科学家的梦想，为中国式现代化提供有力的人才支撑。

中国教育科学研究院
曹培杰

前言

习近平总书记指出，要培养担当民族复兴大任的时代新人。如今，基础教育课程改革进入"素养"时代。所谓"素养"，是指学生应具备能够适应终身发展和社会发展需要的必备品格和关键能力。素养是课程的根本遵循，课程是素养的有效手段。

作为课程改革的主阵地，编程课程建设成为我们应对瞬息万变的信息社会、与世界强国开展实力竞争的强大武器之一。

"编程的学习有助于中小学生的思维能力提升"已经成为大多数教师的共识。在素养教育背景下，编程课程如何建设才能让思维提升落到实处？中小学生应该进行怎样的思维锻炼才能形成素养？编者认为，主动的思考、在思考中发现并能够利用资料，从深度和广度两个方向，综合运用科技手段解决真实问题，是中小学生在编程学习过程中应该得到锻炼与提升的。

本书面向初次接触Python代码编程的小学高年级及初中学生，也适用于中小学教师作为开展编程教学的参考。让学生在问题引导中展开思考、加强练习、深化思维，夯实Python代码编程的基础知识与技能，直面真实生活需求，在实践中解决问题，寻求面对未知如何逐步学习、最终破解的新路径。无论这一方式是否成熟、完善，它都是我们在素养背景下积极进行综合课程探索的有益尝试。

我们始终保持研究的态度砥砺进取，为我国中小学生的科学素养发展增添一抹创新的底色。

目录

丛书序

前言

第 1 章　Hello Python　　　　　　　　　1

第 2 章　缤纷的代码　　　　　　　　　15

第 3 章　无尽的运算　　　　　　　　　30

第 4 章　完美的逻辑　　　　　　　　　47

第 5 章　灵活的函数　　　　　　　　　75

第 6 章　丰富的功能库　　　　　　　　90

参考程序　　　　　　　　　　　　　　107

第 1 章 Hello Python

> **内容概述** >>>

从本章开始，我们将开启一段代码编程之旅。相比于图形化编程，代码编程不够形象，不够有趣，但是它能实现的功能却更加丰富，实现功能的方式更加多样，同时能够深度锻炼和提升我们的思维能力。

代码编程由来已久，本章我们将从计算机的底层逻辑入手，了解代码编程的发展历程，认识 Python 编程，并在自己的计算机上安装 Python 编程，为进一步深入学习 Python 编程语言做好准备！

> **学习目标** >>>

（1）了解计算机编程语言的发展，理解计算机存储容量的表示方式，能够熟练掌握存储容量间的换算。

（2）认识 Python 语言，能够根据资料分析其优势和不足之处。

（3）在计算机中安装 Python 程序，认识两种命令编辑窗口，并能够对其进行个性化设置。

1.1 计算机能读懂的语言

探究一：计算机能读懂的语言是什么？

就像人类交流有自己的语言，不同的动物有自己的信息传递方式，计算机也有它的语言系统。计算机能够直接读懂的语言是"机器语言"，是一种直接用计算机指令代码编写的语言。机器语言是用开、关来表示的，可以记为1和0，也就是数学中的二进制，它是计算机唯一能直接识别和执行的语言。

二进制是一种使用0和1表示数字和字符的编码方式。在计算机中，所有的信息都是以二进制的形式存储和处理的。

探究二：二进制是如何工作的？

在二进制中，有且仅有0和1两种数字。二进制编码中的每一个"位"（称为比特（bit））上的值可以是0或1。多个位组合在一起，就能表示多种不同的值。比如8个比特，可以表示256种不同的值（从0到255），称为1字节（Byte）。当然，你一定觉得，仅存储256种不同的值还是太少，无法满足多样化的需求，所以，还有KB（Kilobyte）、MB（Megabyte）、GB（Gigabyte）、TB（Terabyte）……分别称为：千字节、兆字节、吉字节、太字节……随着技术发展，这样的计量单位还在扩充。我们把它们都称为计算机存储容量的计量单位。

就像距离的计量单位米（m）、分米（dm）、厘米（cm）、毫米（mm），时间的计量单位时、分、秒，它们之间都有换算关系，如1m=10dm，

1dm=10cm，1分=60秒。计算机存储容量的计量单位之间的换算关系为1024进制，即2的10次方（bit和Byte之间除外，1Byte=8bit），1KB=1024Byte，1MB=1024KB，1GB=1024MB……

1字节能做什么呢？它可以表示我们人类使用的1个英文字母，如果要存储汉字，则需要2字节。更多的字节就能够存储我们日常需要计算机处理的各类数据了，比如图像、音视频、文件传输、网络通信等。当然，我们即将学习的编程语言也不例外。当我们在计算机中输入文字和数字时，计算机会将其转换成二进制码存储在内存中，并在不同的位置上进行组合和操作。

虽然二进制不如十进制常用，但却最适合计算机，是一切计算机语言的基础，能够让机器直接处理并执行各种指令和代码。

探究三：其他的计算机语言是什么？

计算机能够直接读懂的语言是"机器语言"，是用二进制表示的，但这并不适合人类直接使用。因此，在机器语言的基础上，人们发明了"汇编语言"，使用助记符（如MOV、POP、READA等）来代替全是二进制数的机器码。然而在使用中发现，汇编语言依然非常复杂且严格，不够简洁方便，对掌握计算机的水平要求非常高。于是在汇编语言的基础上，人们参照数学语言，发明了更近似于人类日常交流的"编程语言"，比如C语言、Java语言、C++语言、PHP语言、Python语言……

> **总结**
> ①计算机语言的低级语言：机器语言、汇编语言。
> ②计算机语言的高级语言：各种编程语言。

虽然现有的高级语言越来越接近人的表达及思维方式，让人与计算机之间的沟通障碍越来越小，但各类高级语言仍然只是人与计算机之间实现交流的桥梁，需要遵守一定的表达规范，才能让计算机完美执行人的指令，与人有良好的互动。

创意实践

1. 根据"学习探究"中的提示,将表1-1补充完整。

表 1-1

计量单位 (存储容量)	符号表示	换算关系	存储内容举例
位		——	简单数字
字节	Byte	1Byte = 8bit	几个汉字
千字节		1KB =	1篇作文
	MB	=1024KB	1首歌曲
吉字节			1部电影

2. 阅读表1-2,写出你理解的机器语言、汇编语言、编程语言的优缺点。

表 1-2

计算机语言	将B的内容存到A中	优缺点
机器语言	1000100111011000	
汇编语言	MOV A,B	
编程语言	A=B	

思考延伸

1. 查阅资料,列出你查到的其他进制并举例。

2. 更大的存储容量计量单位还有哪些？阅读资料，模仿示例，在括号处写出自己的计算过程。

KB，千字节，1 KB可以存储1篇512个字的短文。

计算过程示例： 1KB=1024Byte，1024Byte/2=512个汉字。

MB，兆字节，简称"兆"，1MB可以存储524288个汉字。

计算过程： 1MB = 1024KB =（　　　　　）Byte，
　　　　　　　（　　　　　）= 524288个汉字

GB，吉字节，又称"千兆"，1GB可以存储约5.37亿个汉字，被誉为"世界有史以来最大的百科全书"《永乐大典》也仅有约3.7亿个汉字。

TB，万亿字节，太字节，可以存放250~300部清晰度为1080P、时长90分钟的电影。

PB（Petabyte），千万亿字节，拍字节，1PB可以存放约3.6万部大小为25~35G的蓝光电影。

EB（Exabyte），百亿亿字节，艾字节，1EB相当于约52.4万个2TB硬盘。

ZB（Zettabyte），十万亿亿字节，泽字节，以100MB/s的速度下载1 ZB的文件，需要约35.7万年。

YB（Yottabyte），一亿亿亿字节，尧字节，预测到2025年，全球每年产生的数据量将达到175ZB，1YB相当于约5.85个2025年全球每年产生的数据量。

3. 为什么计算机存储容量的计量单位之间的换算关系为1024进制？将你的思考记录下来。

4. 你还有哪些拓展思考的问题呢？把这些奇思妙想写下来，我们一起探索。

1.2 风靡世界的 Python 语言

探究一：Python是什么？

Python是1989年被发明的一种计算机编程语言，正如上一节所介绍的，它已经是一种高级语言。Python于1991年正式发布，到2023年，已经更新到了3.12版本。

它的发明者是荷兰人吉多·范罗苏姆（Guido van Rossum）。因为他是英国喜剧团体Monty Python的粉丝，所以他选用了"Python"作为这款编程语言的名字。Python这个单词本身是"蟒"的意思，所以Python语言的Logo是一蓝一黄两条蟒缠在一起的图案，如图1-1所示。

图 1-1

探究二：风靡世界的Python可以用来做什么？

2018年底，Python位居TIOBE"最流行的编程语言"排行榜榜首，至今仍然在排行榜中位居前列。可以说，各行各业都在使用Python：程序员用它进行web开发、软件程序开发；办公室职员用它来获取、分析、可视化数据，从而支持自己的工作；科技工作者用它来进行人工智能研究；学生用它来锻炼思维、掌握科学技能；游戏设计师用它来开发游戏；摄影及美术工作者用它来绘制或美化图像;编程爱好者用它来编写实用小工具……大多数可以使用计算机完成的工作,Python总可以助人一臂之力。

创意实践

1. 作为Python初学者的你,想用Python来做什么呢?

2. 查阅资料,写出2~3个令你惊喜或意外的使用Python实现的应用实例。

3. 图1-2是Python语言绘制的一个道路交通场景。阅读程序,观察运行结果,尝试修改你能看懂的代码后再观察运行效果,你能感受到Python编程语言的特别之处吗?

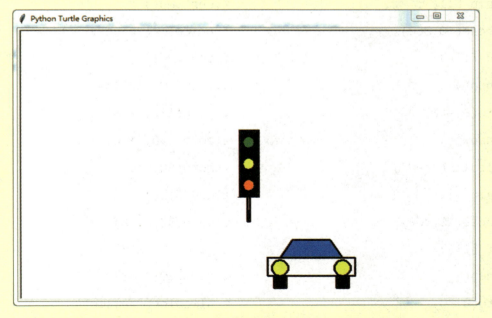

图 1-2

```
import turtle as t
t.penup()
t.goto(-17,-50)
t.pendown()
t.fillcolor("black")
t.begin_fill()
t.goto(17,-50)
t.goto(17,60)
t.goto(-15,60)
t.goto(-15,-50)
t.end_fill()
t.pensize(3)
t.penup()
t.goto(0,-5)
t.pendown()
t.fillcolor("yellow")
t.begin_fill()
t.circle(10,360)
t.end_fill()
t.penup()
t.goto(0,-40)
t.pendown()
t.fillcolor("red")
t.begin_fill()
t.circle(10,360)
t.end_fill()
t.penup()
t.goto(0,30)
t.pendown()
t.fillcolor("green")
t.begin_fill()
t.circle(10,360)
t.end_fill()
t.penup()
t.goto(-2,-50)
t.pendown()
t.fillcolor("black")
t.begin_fill()
t.goto(-2,-90)
t.goto(2,-90)
t.goto(2,-50)
t.goto(2,-90)
t.end_fill()
t.penup()
t.goto(50,-150)
t.pendown()
t.fillcolor("blue")
t.begin_fill()
t.goto(70,-120)
t.goto(130,-120)
t.goto(150,-150)
t.goto(50,-150)
t.end_fill()
t.goto(30,-150)
t.goto(30,-180)
t.goto(50,-180)
t.fillcolor("yellow")
t.begin_fill()
```

```
t.circle(13,-360)
t.end_fill()
t.goto(150,-180)
t.fillcolor("yellow")
t.begin_fill()
t.circle(13,-360)
t.end_fill()
t.goto(170,-180)
t.goto(170,-150)
t.goto(150,-150)
t.penup()
t.goto(140,-180)
t.pendown()
t.fillcolor("black")
t.begin_fill()
t.goto(140,-200)
t.goto(160,-200)
t.goto(160,-180)
t.end_fill()
t.penup()
t.goto(40,-180)
t.pendown()
t.fillcolor("black")
t.begin_fill()
t.goto(40,-200)
t.goto(60,-200)
t.goto(60,-180)
t.end_fill()
t.hideturtle()
```

思考延伸

1. 吉多·范罗苏姆为什么要发明一款编程语言？

1982年，荷兰人吉多·范罗苏姆从阿姆斯特丹大学获得了数学和计算机硕士学位。尽管他算得上是一位数学家，但他更加享受计算机带来的乐趣，总趋向于做与计算机相关的工作，热衷于做任何和编程相关的事情。那个时候，虽然IBM公司和苹果公司已经掀起了个人计算机的浪潮，但这些个人计算机的配置很低，工作效率非常低。为了提高效率，当时的编程语言也迫使程序员像计算机一样思考，写出更符合机器口味的程序，从而快速执行。这就造成了程序员使用这些语言时产生"简洁性差、易读性差、可扩展性差，费时费力"的感受，甚至许多非程序员根本无法学懂如何编程。于是，1989

年的圣诞节期间，吉多决心要开发一种"简单、易学、规范、免费、开源、可移植、可扩展"的编程语言。

2. Python语言大受欢迎，它有缺点吗？

如上面的介绍，Python的优势显而易见，也正因如此，它大受欢迎。然而，凡事都有两面性，它的劣势也因其突出的优势而明显存在。对于学习者而言，Python简单，易懂易学，但对于计算机而言，它难于理解。所以在对代码命令的执行速度上，Python相对其他语言会比较_____（快/慢）。

3. 你还有哪些拓展思考的问题呢？把这些奇思妙想写下来，我们一起探索。

1.3 开启 Python 编程旅途

探究一：哪些软件可以进行Python编程？

使用某种编程语言进行编程，还需要一个编程平台，能够理解我们写下的代码，并将其转换成计算机能够读懂的二进制码，再将计算机的处理结果转换为我们能读懂的文字内容，从而实现"让计算机按照我们所编写的命令程序来运行"的目的。这种编程平台，一般称为集成开发环境（IDE，Integrated Development Environment）。这是一种提供程序开发环境的应用程序，可以一体化地提供代码编写功能、分析功能、编译功能、调试功能等。

可以进行Python编程的IDE，有功能更为完备和强大的PyCharm，适用于大型项目的开发和管理；还有较为小巧和便捷的IDLE，适合于简单的Python脚本和小型项目的开发和调试。

探究二：如何在计算机上安装IDLE？

正如前面所讲，我们学习过程中一般使用IDLE来编写Python程序。

如果你在学习后想尝试使用PyCharm，可以到官网（https://www.jetbrains.com/zh-cn/pycharm/）进行免费的下载及安装，在安装的过程中需要做一些配置。

而小巧、便捷的IDLE则可以直接到Python的官网（https://www.python.org/）下载Python安装文件，如图1-3所示。之后双击如图1-4所示安装文件，按照提示完成软件安装即可。

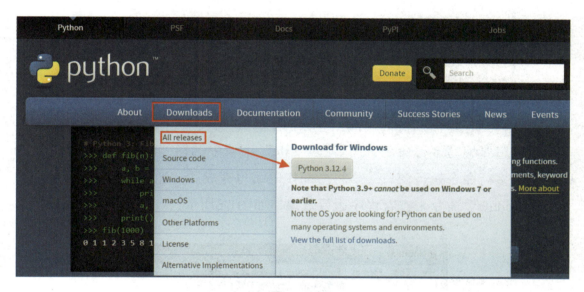

图　1-3

图　1-4

探究三：如何使用IDLE？

将程序安装完成后，打开IDLE，出现如图1-5所示的界面。该界面可以称为"单行命令执行窗口（shell）"，即只能对一行命令做立即执行。>>>就是单行命令执行窗口的标志。在>>>处写好命令，按Enter键后，即可看到执行结果。

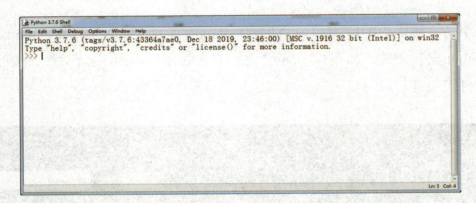

图 1-5

如果想要编写多行命令，需要在"File"菜单中选择"New File"命令，创建一个"多行命令执行窗口"。将全部代码编写完成后，通过"Run"菜单中的"Run Module"命令来查看程序运行效果，如图1-6所示。

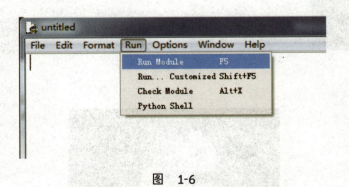

图 1-6

创意实践

在计算机上安装IDLE。

右键单击计算机桌面上的"计算机"图标，在弹出的菜单中选择"属性"命令，查看电脑的配置：系统类型，如Windows64位操作系统、macOS32位操作系统，如图1-7所示。之后在Python官网下载并安装相应的Python软件。

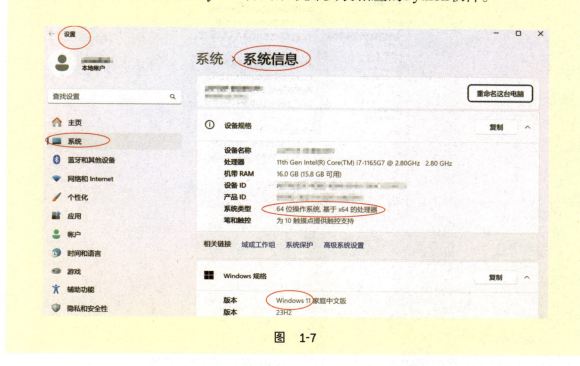

图　1-7

1.可以调整显示界面的字体、字号等样式吗？

按照图1-8、图1-9的提示，尝试进行设置修改，观察预览效果，你能够顺利解决这个问题吗？再单击其他选项卡进行个性化设置，你实现了哪些非默认状态的特殊效果呢？请将你的结论写在下面的空白处。

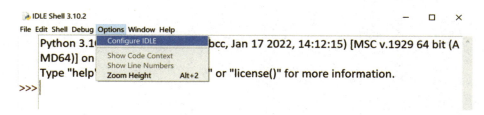

图　1-8

图 1-9

2. 你还有哪些拓展思考的问题呢？把这些奇思妙想写下来，我们一起探索。

第 2 章 缤纷的代码

内容概述 >>>

本章我们将使用Python程序画自己喜欢的一笔画图形、多笔画图形，并涂上缤纷的颜色。

使用代码编程绘图要遵循一定的规则，在绘图命令的使用规则下发挥自己的创意。先从一笔画入手，学习简单图形的绘制，再学习填充颜色，最后学习如何绘制多笔画图形，从而将自己创意设计的缤纷图像用编程展现出来！

学习目标 >>>

（1）理解Python中turtle（海龟）作图的原理，掌握直线、曲线、多边形的绘制方法，能够给图像添加颜色。

（2）能够设计图像内容和图像关键点坐标位置，灵活使用各种命令绘制复杂的图像。

（3）联系生活经验，充分发挥想象，设计图像并用编程来实现。

2.1 用代码绘制形状

探究一：使用Python可以绘制出美观又有趣的图画吗？

Python提供了许多功能库来实现某些特定的功能，如绘制图形、数学函数、数据分析、时间读取、随机数、文件操作等。就像我们上美术课要带绘画工具包，不同工作岗位的工人要配备不同的工具包。这些工具包就是Python中的功能库。

Python的功能库又分为两种：标准库（内置库）、第三方库。其中标准库是在Python程序安装时默认自带的库，如绘制图形的turtle库、数学函数的math库、生成随机数的random库等；第三方库需要单独下载后再安装到Python的安装目录下，如快速分析数据的numpy库、数据可视化的matplotlib库、操作图像的image库等。不同的第三方库其安装及使用方法不同。

无论是标准库还是第三方库，都需要使用 import语句来调用相应的功能，就像我们需要先打开工具包，才能使用里面的各种工具。

如果要使用Python来绘制图形，首先要通过import turtle命令来调用绘图功能库，才能在之后的程序中使用绘图功能所提供的一系列绘图命令。

探究二：绘图功能库turtle提供了哪些绘图命令？

Python中的绘图功能为什么叫作turtle（海龟）呢？这是以海龟在沙滩上爬行留下印记形成图案为意象，进而发展来的。因此我们一般称Python的绘图功能为turtle绘图。

turtle绘图规定了小海龟的初始状态：头朝向右侧，如图2-1所示。转向时，则以自身的左、右、前、后为方向。

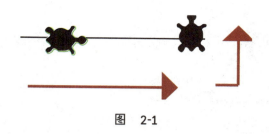

图 2-1

比拟小海龟在沙滩上的各种运动，turtle绘图库提供了许多绘图命令，见表2-1。

表 2-1

序号	命令	功能	使用举例（以t作为turtle的别名）
1	forward(a)	向前移动指定像素的距离a	t.forward(100)
2	backward(a)	向后移动指定像素的距离a	t.backward(100)
3	right(m)	向右原地旋转指定角度m	t.right(60)
4	left(m)	向左原地旋转指定角度m	t.left(90)
5	circle(radius, extent)	绘制圆形或一段弧形，radius为半径，extent为度数。半径为正，按逆时针画；半径为负，按顺时针画。起点为圆的正下方	t.circle(20) 逆时针画一个半径是20的圆 t.circle(-20,180) 顺时针画一个半径是20的半圆
6	penup()	画笔抬起，移动时不绘制图形	t.penup()抬起画笔，只移动不画
7	goto(x,y)	将画笔移动到坐标为(x,y)的位置	t.goto(-75,30)
8	pendown()	画笔落下，之后移动时可以绘制图形	t.pendown()落下画笔，之后画笔一边移动一边画

探究三：动手绘制一个简单的形状！

图2-2中的程序绘制了一个简单的三角形，图2-3展示了执行这些命令的绘制过程，图2-4则展示了程序的运行结果。

```
import turtle
turtle.forward(90)
turtle.left(120)
turtle.forward(90)
turtle.left(120)
turtle.forward(90)
turtle.left(120)
```

图 2-2

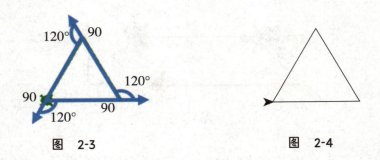

图 2-3　　　　　　　　图 2-4

通过上面的操作，关于绘图你有哪些发现？可以写在下面的横线上。

① 画笔的默认方向是朝右的。

② 画笔的起始位置是整个画布的正中心，也就是（0，0）点。

③ _____

④ _____

> 💻 **创意实践**

1. 学会了三角形的绘制，参考表2-1中的绘图命令，你可以绘制一个矩形、n边形、圆形、半圆形甚至圆弧形吗？请把你的程序写在下面的空白处。

2. 如果用一笔画的方式画一个五角星，如图2-5所示，每条线段之间的旋转角度是多少呢？请你自主计算旋转角度，并用turtle绘图绘制一个五角星。不会的同学可以参考本书"参考程序"中的示例程序。

图 2-5

3. 是不是所有一笔画的形状你都可以使用代码来绘制了呢？请你自主设计一个一笔画形状，并编写代码将它绘制出来。将你的程序写在下面的空白处，并贴上绘制后的图形。

思考延伸

1. 绘制的线条粗细可以调整吗？

turtle绘图中，调整画笔宽度（线条粗细）的命令是pensize(width)。其中width的默认值为1，单位是像素，数值越大，线条越粗。

例如：turtle.pensize(5)就是设置画笔粗细为5像素。

2. 画笔的形状是否可以改变？

Python的turtle绘图模块提供了如下几种可选的画笔形状：

√arrow箭头。

√turtle海龟。

√circle圆圈。

√square方块。

√triangle三角。

√classic经典默认。

例如：将画笔设置为海龟形状即可写为：turtle.shape("turtle")。

3. 画笔绘制图形时的运动速度是否可以改变？

画笔的运动速度可以用speed()命令来控制。

以0~10的整数为计数，0为最快，而从1~10则数值越高，速度越快。

如果输入的数字大于10或小于0.5，则速度值自动设置为0。

例如：将画笔运动速度设置为最慢：turtle.speed(1)。

为了保证画面的完整性，我们一般都需要在绘图结束后，将画笔形状隐藏起来，在程序最后添加turtle.hideturtle()命令即可实现。

4. 双击程序文件运行程序时，如何让画面停留而不是自动关闭绘图窗口？

我们在编写程序的过程中，通常使用Run的命令来运行程序，运行结束后，绘制图形的窗口不会自动关闭。而当关闭代码编辑窗口，直接双击程序文件来运行时，绘制图形的窗口会在绘制结束后自动关闭。

可以在绘制命令最后添加turtle.done()命令，即可实现双击运行程序时的绘图窗口停留。

5. 绘制图形的画布大小可以调整吗？

请你自主查阅资料，写出设置画布大小的命令。

6. 你还有哪些拓展思考的问题呢？把这些奇思妙想写下来，我们一起探索。

2.2 为形状添色彩

探究一：turtle绘图中能够设置图像中的哪些颜色？

（1）背景颜色　背景颜色也就是整个画布的颜色，可以使用bgcolor(colorstring)这个命令来实现。

例如：turtle.bgcolor("blue")就是将画布设置为蓝色背景。

（2）画笔颜色　画笔颜色就是绘制的线条的颜色，可以使用pencolor(colorstring)这一命令来实现。其中colorstring可以是英文字符，也可以是6个十六进制数。

例如：turtle.pencolor("blue")或 turtle.pencolor("#33CCFF")。

（3）填充颜色　填充颜色是给一个封闭的形状添加颜色，这需要一系列的命令共同来实现。

使用表2-2中的这一套命令来给绘制的形状填充颜色时，需要先使用fillcolor(colorstring)命令设定填充颜色，然后使用begin_fill()命令说明要准备开始填色了，接下来绘制需要填色的形状，最后使用end_fill()命令来结束整个绘图和填色的工作。

表 2-2

命令	功能	使用举例
fillcolor(colorstring)	设置图形内部的填充颜色	turtle.fillcolor("pink")
begin_fill()	开始填充	turtle.begin_fill()
end_fill()	结束填充	turtle.end_fill()

探究二：绘图命令的执行顺序是什么？

和其他的Python程序一样，turtle绘图的命令执行顺序是从上至下一句一句执行的，在上一句的基础上才能执行下一句。因此，使用绘图命令绘制形状、添加颜色时，需要注意命令的先后顺序，像画笔宽度、背景颜色、画笔运动速度、画笔形状等，都需要提前设定好，再编写颜色、绘制线条等命令。

创意实践

1. 案例分析

（1）图2-6所示绘图程序绘制的形状是：线条宽度为_____，线条颜色为_____的_____形。

```
inport turtle as t
t.pensize(5)
t.pencolor("orange")
t.forward(90)
t.left(120)
t.forward(90)
t.left(120)
t.forward(90)
t.left(120)
```

图 2-6

（2）图2-7所示绘图程序绘制的形状是：线条宽度为_____，线条颜色为_____，背景颜色为_____，填充颜色为_____的_____形。

```
import turtle as t
t.pensize(10)
t.pencolor("orange")
t.bgcolor("blue")
t.fillcolor("yellow")
t.begin_fill()
t.forward(90)
t.left(120)
t.forward(90)
t.left(120)
t.forward(90)
t.left(120)
t.end_fill()
```

图 2-7

2.自主创作

（1）学会了颜色命令，你的一笔画图形是不是更漂亮了呢？请你自主设计一个带有颜色的一笔画图形，并编写程序把它绘制出来。将你的程序写在下面的空白处，并贴上绘制后的图形。

（2）你的自主创作是否新颖、特别呢？你可以绘制出如图2-8所示的图形吗？不会的同学可以参考本书"参考程序"中的示例程序。

图　2-8

思考延伸

1. **创意实践的案例分析（2）中，import turtle as t是什么意思？**

在程序中用t来代替turtle，方便快捷。这里的t也可以是其他任意名称，只需要和后面的程序一致即可。

2. **很多资料中都会使用color这个命令，它能实现什么功能呢？**

turtle.color(color1, color2)，可以同时设置画笔颜色和填充颜色。即：pencolor=color1, fillcolor=color2。

3. **如何快速、准确地绘制个性化的曲线？**

通过left()或right()命令，先把画笔的起始朝向调整好，再使用circle()命令。

circle(radius, extent)中，radius为半径，extent为度数。当半径为正，则按逆时针画；当半径为负，则按顺时针画。图2-9所示为一个曲线绘制样例。

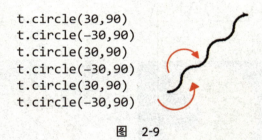

图 2-9

4. **你还有哪些拓展思考的问题呢？把这些奇思妙想写下来，我们一起探索。**

2.3 形状组成的缤纷世界

探究一：除了一笔画图形，turtle绘图可以绘制更复杂的多笔画图形吗？

本章第一节中提到，turtle绘图库提供了诸多绘图命令，其中包含penup()、goto(x,y)、pendown() 3个命令。这3个命令搭配使用，就可以完成复杂的多笔画图形的绘制。

当需要在一张画布上绘制两个不相交的形状时，或是在指定位置绘制图形时〔默认起始位置在（0，0）点〕，一定要把笔尖离开画布，然后移动到合适的位置，最后落笔继续绘制。使用turtle绘图绘制多笔画图形也是同样的原理。

以（50，80）为圆心画一个半径为30的圆形。

注意：图2-10中第2行至第4行程序与图2-12中第2行程序的差别，从图2-11与图2-13的运行效果中可以看到，当不抬笔时，笔尖移动时会在画布上留下移动印记，通常为一条直线，而这条直线并不是绘图所需要的。

```
1  p.color("blue","pink")
2  p.penup()
3  p.goto(50,50)
4  p.pendown()
5  p.begin_fill()
6  p.circle(30)
7  p.end_fill()
```

图 2-10

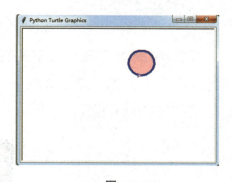

图 2-11

```
1  p.color("blue","pink")
2  p.goto(50,50)
3  p.begin_fill()
4  p.circle(30)
5  p.end_fill()
```

图 2-12

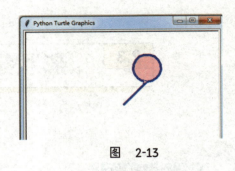

图 2-13

对比以上程序和所绘制的图形效果，现在你理解turtle绘图中"抬笔、移动、落笔"这三步的重要性了吗？

探究二：多笔画图形的绘制顺序是什么？

如果不考虑图形颜色，多笔画图形的绘制顺序对整个图形的形成没有影响。而当需要给图形填色时，绘制顺序就非常关键了。在turtle绘图中，图形由多个简单形状组成，先绘制的形状和填充的颜色在底层，会被之后绘制的形状和填充颜色覆盖。

> **注意**
> ①绘图时先将复杂形状拆解为几个基本形状。
> ②对于多个基本形状，从下到上，从外向内，逐一绘制并填色。

创意实践

1. 图2-14提供了几幅多笔画图形，如同心圆、红绿灯、树屋、大树，请你挑选其中一个图形，快速编写程序并将它绘制出来。不会的同学可参考本书"参考程序"中的示例程序。

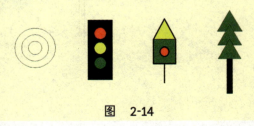

图 2-14

2. 第1题中的案例是否给你一些启发呢？请你自主思考并设计一个有实际含义的图形，编写程序将它绘制出来，并标记上图形的名称。将你的程序写在下面的空白处，并将绘制后的图形贴在空白处。

思考延伸

1. 绘制多笔画图形时，图形在画布中的位置如何精确设定？

turtle绘图中的画布是可以通过平面坐标来确定具体位置的。画布的正中心为（0，0）点，画笔起始方向朝右。设计图形时，先根据形状的相对大小确定基本的位置坐标，再通过多次迭代的方式不断修正图形的位置坐标，从而达到最满意的效果。绘图画布中的位置坐标如图2-15所示。

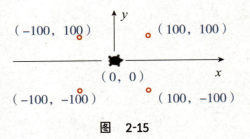

图 2-15

在绘图过程中有转向需要时，如left()、right()、circle()等，可以用图2-16所示的角度坐标来设定转向的角度和转向的方向。

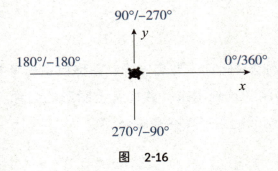

图 2-16

2. turtle绘图中可以写文字吗？

阅读并观察图2-17所示的程序，绘制如图2-18所示的效果图。你知道如何在turtle绘图中书写文字了吗？

```python
import turtle
turtle.penup()
turtle.goto(0,-50)
turtle.pendown()
turtle.fillcolor("white")
turtle.begin_fill()
turtle.circle(50)
turtle.end_fill()
turtle.penup()
turtle.goto(-30,-35)
turtle.pendown()
turtle.write("将",font("华文行楷", 50, "normal"))
turtle.hideturtle()
```

图 2-17

图 2-18

3. 使用forward、left这种移动、转向命令绘制直线形状时，代码重复较多，也比较麻烦，有更简便快捷的办法达到相同的绘制效果吗？

我们知道，两点确定一条直线。而表2-1中的goto（x,y）命令就提供了准确的坐标位置。因此，使用goto（x_1,y_1）命令，就可以让画笔从前一个位置移动到坐标为（x_1,y_1）的位置，也就画出了一条直线。现在，你知道如何解决这个问题了吗？

4. 你还有哪些拓展思考的问题呢？把这些奇思妙想写下来，我们一起探索。

第 3 章　无尽的运算

> **内容概述** >>>

计算机除了可以按照人们的指令完成工作（比如按照设计绘制图像），还要能够与用户实时互动，根据不同用户的需求给出不同的反馈结果。这样才是最大程度上为人们的工作和生活提供便利。本章，我们将学习如何通过 Python 语言实现与计算机的交流互动，即各种需求下的输入与输出。

计算机最原始、最核心的功能就是计算，编程语言当然更要提供强大的计算功能。在学会编程与计算机互动的基础上，我们还将发挥个人创意，设计实现个性化计算器，学习 Python 语言提供的各类运算功能。

> **学习目标** >>>

（1）熟练掌握输出命令的使用，能够根据需求设定不同的输出效果。熟练掌握输入命令的使用，能够根据不同的数据类型需求进行转换，在案例研读中锻炼探究学习能力。

（2）了解几种常见的运算类型，掌握算术运算符、比较运算符的意义和用法。

（3）联系生活和学习经验，以计算器为主题进行创新功能设计，在思考与实践中锻炼创新设计能力。

3.1 计算机告诉我

探究一：使用Python可以不编写程序，直接进行数据计算吗？

回顾计算机的发展历史，你会发现，在"计算机之父"美国数学家约翰·冯·诺依曼（John von Neumann）1946年定义现代计算机之前，1938年，德国工程师康拉德·祖思（Konrad Zuse）就发明了世界上第一台二进制可编程计算机，称为Z-1（Zuse1）。他在1941年制造出的Z-3计算机几乎实现了现代计算机的所有功能，是具有当时世界上最高水平编程语言的计算机。康拉德也因此被称为现代计算机发明人之一。而他最初发明计算机的目的很单纯，只是希望把自己从手头大量冗杂的计算中解脱出来。

Python作为程序设计语言，保留着优秀的计算功能。打开Python，在单行命令执行窗口，直接输入任何想要计算的数据，按Enter键，即可瞬间得到计算结果，如图3-1所示。

```
IDLE Shell 3.10.2
File  Edit  Shell  Debug  Options  Window  Help
Python 3.10.2 (tags/v3.10.2:a58ebcc, Jan 17 2022, 14:12:15) [MSC v.1929
64 bit (AMD64)] on win32
Type "help", "copyright", "credits" or "license()" for more information.
>>> 679643880/23405
29038.4054689169
>>>
```

图 3-1

探究二：如何让计算机按要求输出多行符号、文本，甚至混合输出数字、符号及文本？

Python的输出命令是print()，在括号中写入要输出的内容即可。如图3-2所示，图3-2a为编写的程序，图3-2b为运行结果。

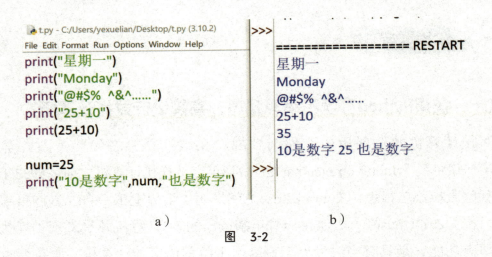

图 3-2

符号、文本是编程数据类型中的"字符型"，需要用成对的单引号或双引号标记。数字是另外一种数据类型，如果给数字添加了引号，则程序将按字符处理它。

输出不同类别的内容，可以用逗号隔开。图3-2a中最后一行代码，两个部分的绿色字是提示语，需要原样输出；而黑色的字是需要引用前面定义的数值。这是三个不同的部分，输出时要做出区分，可以用逗号隔开，也可以用加号连接。

print()命令中还可以引用变量。图3-2a中的num就是编程语言中常说的"变量"。在print()命令中引用变量时，需要在print()命令前对该变量有所定义。

探究三：可以在执行第一行输出命令后，接着执行第二行命令而不换行吗？

在Python3中，print()命令还有一个隐藏参数end，即print(x,end="\n")，它表示"输出内容x之后，以自动换行的方式结束这个命令"。如果将引号中的\n更换为空格或其他符号，输出内容x后将不再换行，而是显示这一符号，从而结束

print命令的执行。该命令的使用效果如图3-3所示。

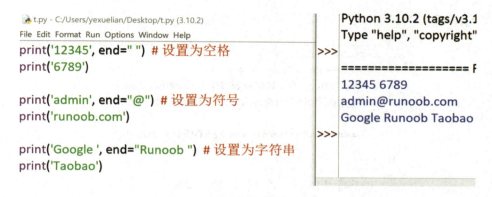

图 3-3

创意实践

1. 请你输出一个五层的杨辉三角形，其中的数字用特殊符号*代替即可。挑战等腰三角形排法和直角三角形排法两种显示方式，如图3-4和图3-5所示。不会的同学可以参考本书"参考程序"中的示例程序。

```
            1
          1   1
        1   2   1
      1   3   3   1
    1   4   6   4   1
  1   5   10  10  5   1
1   6   15  20  15  6   1
```

图 3-4

```
1
1   1
1   2   1
1   3   3   1
1   4   6   4   1
1   5   10  10  5   1
1   6   15  20  15  6   1
1   7   21  35  35  21  7   1
1   8   28  56  70  56  28  8   1
1   9   36  84  126 126 84  36  9
```

图 3-5

2. 请参考图3-6所示的输出样式，自行设计"天气提示程序"的显示效果，输出天气情况。请把你的设计贴在下面的空白处。

图 3-6

3. 在我们使用的各种软件中，界面的显示是否美观且令人舒适，很大程度上决定着用户是否能长期使用该软件。请你使用print()命令，设计一个软件界面的显示效果。请把你的设计贴在下面的空白处。

思考延伸

1. 在print()命令中使用逗号和使用加号有什么区别？

观察图3-7，第一行和第二行命令输出中英文内容，第三行和第四行命令输出中英文及数字内容。前三行命令能正确执行，而第四行命令则报错提示"不能连接数字和字符"。请你分别观察这四行命令的执行结果，总结出现该问题的原因。

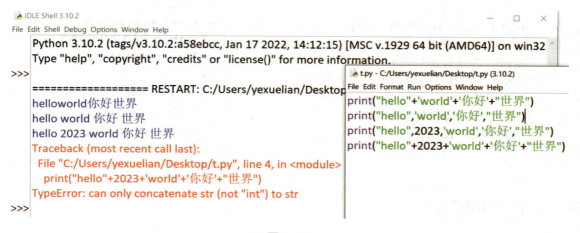

图 3-7

加号的功能是_____。

逗号的功能是_____。

逗号的使用没有限制，但是分隔的内容中间会有_____；而使用加号时，需要左右两边内容的类型相同。**注意**，如果需要将两个数字连接，需要给数字加引号变为字符，否则将进行计算。

2. 如何在Python中添加注释，只说明和显示，不作为程序来执行？

Python中的注释分为单行注释和多行注释。

单行注释使用#开头，如图3-8所示。

图 3-8

要进行多行注释时，将被注释的内容写在三个单引号或三个双引号中即可，如图3-9所示。

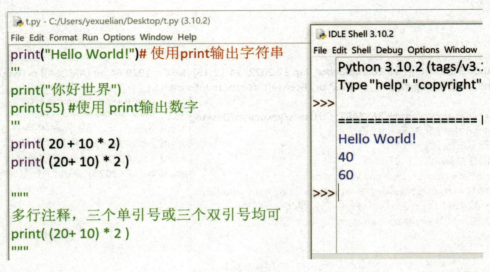

图 3-9

3. 你还有哪些拓展思考的问题呢？把这些奇思妙想写下来，我们一起探索。

3.2 人机互动（基本款）

探究一：如何编写程序才能实现和计算机的实时互动？

互动也称为交互。交互感受是衡量一种软件好坏的重要标准之一。交互的方式有很多种，如键盘输入、鼠标点击、摄像头捕获识别、语音控制等，这些是交互中的输入，而显示文字、绘图、计算等，属于交互中的输出。有输入、有输出，实时输入、实时输出，才是完成一次交互。

上一节使用的print()命令是输出的一种方式，而常常与之搭配使用的一种输入方式就是键盘输入，在Python中使用input()命令来实现。

输入到计算机的内容需要存储下来才能方便以后使用，因此，使用input()命令时，需要同时将其存储起来。

例如：a=input()，也就是将输入的内容存储到计算机内存标记为a的位置，即存储到变量a中。

打开IDLE，输入图3-10所示的命令，运行程序，你看到了怎样的结果？

```
a=input()
print(a)
```

图 3-10

在光标闪烁处输入内容后，按Enter键，在下面横线上记录下输出结果。

探究二：如何让用户知道该输入什么内容？

程序运行时如果能够出现文字提示，用户也就知道该输入什么内容，对程序的使用感受会更好。除了使用更多的print()命令实现在输入前的提示外，input()命令本身也可以实现提示功能。

例如：a=input("请输入你的名字：")，s=input("please input")。运行程序时，就可以在输入的光标前看到提示语了。

> **注意**
>
> input()命令中的内容，能且仅能做文本提示，也就是将内容写到引号（单引号或双引号均可）中，不能实现变量、引用、计算等功能。

探究三：为什么输入的数字不能实现计算？

input()命令还有一个特性，就是将一切接收到的键盘输入内容均作为字符型来处理。我们输入的"123""90.2"看似是数字，而对于程序来说，都是像身份证号、手机号、门牌号一样不能用来计算的文本，都是字符型。

当我们想要输入数字实现计算时，就需要对输入的内容做手动的类型转换处理，将input()命令默认的字符型转换为数字型。其中，数字型分为两种比较常用的类型：整型int、浮点型float。如果不想要细分整型或浮点型，可以让计算机自主根据输入内容做类型处理，也可以使用eval()实现字符型到数字型的转换。

通过图3-11中的示例，你知道该如何书写程序才能实现计算了吗？

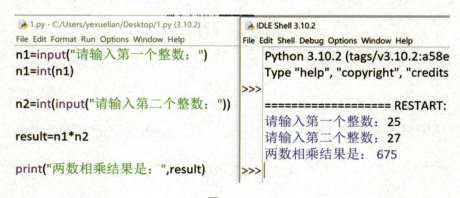

图 3-11

探究四：计算后的结果是数字型，数字型可以转换成字符型吗？

将任意内容转换为字符型，可以使用str()命令，将需要转换的内容写在括号中即可。

总结

①使用输入命令时，强烈建议增加提示用语，以增加程序友好性。

②使用输入命令时，要格外注意对输入内容的格式转换；需要计算时，要从字符型转换为数字型（常用有整型、浮点型）。

创意实践

1. 在未来的某一天，你拥有了一台专门服务于你的机器人。第一次开机时，机器人要记住它的主人。之后，它就可以按照主人的指令完成任务。你会指挥它做什么呢？请你参考下面的情境，发挥想象，编写一个与机器人对话的程序。将你的程序写在下面的空白处。

机器人：你好，你叫什么名字？

我：（输入自己的名字×）

机器人：×，你是我的主人了。需要我做什么？

我：（输入你想让机器人做的工作）

……

2. 使用输入语句和输出语句，你还能编写出怎样的创意程序呢？

3. 根据所学知识，完成图3-12所示的思维导图。

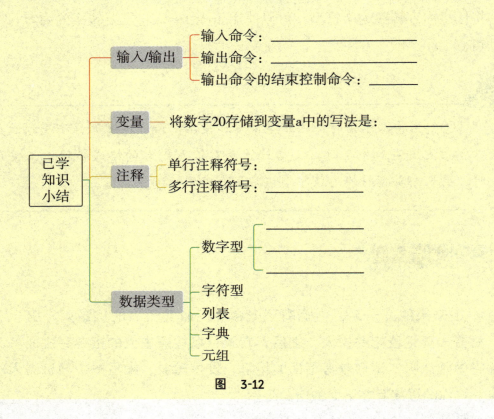

图 3-12

 思考延伸

1. 观察图3-13，思考int()、float()是如何对整数、小数进行处理的？

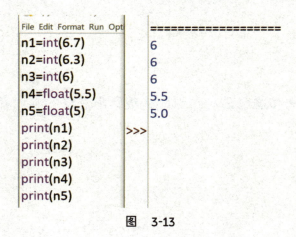

图 3-13

你明白int()、float()两个命令是如何工作的了吗？用自己的语言描述出来。

2. int()命令将小数转换为整数，是将小数点后面的部分直接舍掉。那么如何对小数做四舍五入呢？

对小数做四舍五入还有相应的命令可以实现。请你查阅资料，将这个命令和用法写在下面。

3. 除了字符型和数字型，Python中还有其他的数据类型吗？

字符型和数字型是各种编程语言中必备的两种数据类型，除此之外，Python还定义了几种其他的标准类型，用于存储各种类型的数据。Python中常用的五种数据类型有哪些？Python3以上版本支持三种不同的数字类型，分别是什么？

4. 你还有哪些拓展思考的问题呢？把这些奇思妙想写下来，我们一起探索。

3.3 个性化计算器

探究一：除了加减乘除这样的简单计算，Python还可以实现哪些运算？

Python语言支持的运算类型包含：算术运算、比较（关系）运算、赋值运算、逻辑运算、位运算、成员运算。我们常用的加减乘除等就属于算术运算。如果我们通过程序对两个内容进行比较，则是比较运算，也称关系运算。而完成运算的符号，称为运算符，如加法的"+"、乘法的"*"等。

算术运算的种类见表3-1。

表 3-1

运算符	功能描述	应用举例（a=3，b=4）
+	加法	a + b 输出结果 7
-	减法	a - b 输出结果 -1
*	乘法	a * b 输出结果 12
/	除法	b / a 输出结果 1.33333333
%	取模，得到除法的余数	b % a 输出结果 1
**	幂，得到a的b次幂	a**b 为3的4次方，输出结果81
//	取整除，得到除法的商(向下取整)	9//2，输出结果4 -9//2，输出结果-5

探究二：在混合运算中，它们的优先级是什么？

算术运算中的优先级见表3-2，幂运算最高，加减法最低。

表 3-2

算符	描述
**	指数 (最高优先级)
* / % //	乘、除、取模、取整除
+ –	加法、减法

探究三：数学中除了数据计算，还有数据比较。程序设计中的比较运算是如何实现的？

计算机进行比较后，会得到（亦称为返回）一个比较结果。这个结果一般都是以是、否来表示的，也就是True、False；还可以称为真、假；也可以记为1、0。计算机可以根据这一结果再进行下一步处理。所有比较运算符返回1表示真，返回0表示假。具体的使用可以借助本书3.1节的知识来实现。常用的比较运算符及其功能见表3-3。

表 3-3

运算符	功能描述	应用举例（a=3，b=4）
==	等于，比较两个对象是否相等	(a == b) 返回 False
!=	不等于，比较两个对象是否不相等	(a != b) 返回 True
>	大于，返回x是否大于y	(a > b) 返回 False
<	小于，返回x是否小于y	(a < b) 返回 True
>=	大于等于，返回x是否大于等于y	(a >= b) 返回 False
<=	小于等于，返回x是否小于等于y	(a <= b) 返回 True

总结

①在编程中，运算有很多种，其中较为常用的是算术运算和比较运算。

②Python中算术运算和比较运算所使用的运算符，与数学中的类似但又比数学中的丰富。

创意实践

Python能够实现的数据计算上限值非常大，基本不会出现溢出的情况（视计算机内存而言）。同学们可以多尝试几次。

而更为重要的是，我们在什么场景下需要做什么样的运算来解决真实问题。生活、学习及工作中，我们常常需要运算，记账是运算，求面积、体积是运算，评定成绩等级是运算，货币转换是运算，进制转换是运算……

1. 请你模仿常见的计算器，思考生活和学习中还有哪些需要计算、换算的需求，设计一个专门的运算功能，并编程实现它。

我的"个性化计算器"名称是：_____

它的功能是：_____
_____
_____

2. 按如下描述，编写程序并记录运行结果。不会的同学可以参考本书"参考程序"中的示例程序。

（1）某图书大厦近期将举办线上促销活动，购书每满100元，可以直接减30元。请编写一个程序，根据输入的购书总价，计算并输出优惠的金额（元）。

样例：

购书总价：211.5
优惠金额：60.0

（2）学校计划安排学生进行冰上项目体验，每名学生的体验时间约为a分钟。请编写一个程序，根据某班的学生人数，计算出该班级全部学生完成体验需要多长时间。

样例：

该班每人体验所需时间（分钟）：8
该班学生人数（人）：50

全班学生完成体验需要6小时40分钟

思考延伸

1. ==是比较运算符，=是赋值运算符，赋值运算还有其他的运算符吗？

使用赋值运算符可以让程序编写更为简洁，请你参照表3-4中的提示，补充完整该表格。

表 3-4

运算符	描述	应用说明
=	简单的赋值运算符	c = a + b，将 a + b 的运算结果赋值为 c
+=	加法赋值运算符	c += a 等效于 c = c + a
-=	减法赋值运算符	c -= a 等效于 c = c - a
*=	乘法赋值运算符	c *= a 等效于 c = c * a
/=	除法赋值运算符	c /= a 等效于 c = _____
%=	取模赋值运算符	c %= a 等效于 c = _____
**=	幂赋值运算符	c **= a 等效于 c = _____
//=	取整除赋值运算符	c //= a 等效于 c = _____

2. 其他常用的运算类型和相应运算符还有哪些？

程序设计中有多种运算类型，除了比较运算、赋值运算，还有逻辑运算、成员运算等。其中逻辑运算用来判断事物之间的"与""或""非"关系，包括and、or、not；成员运算用来判断某个指定值是否存在某一序列中，包含in、not in。请你参照表3-1，自主查阅资料，在表3-5中填写逻辑运算和成员运算的相关内容。

表 3-5

运算符	功能描述	应用举例（a= , b= ）

3. 你还有哪些拓展思考的问题呢？把这些奇思妙想写下来，我们一起探索。

第 4 章 完美的逻辑

内容概述 >>>

计算机能够按照不同的输入命令执行得到相应的结果而不会错乱，依靠的是严密的逻辑。计算机逻辑从不同的方面划分有多种类别，如计算机的组成逻辑、计算机的运算逻辑等。其中运算逻辑告诉计算机该如何判断和决策，是计算机正确工作的基础。我们在编写程序时需要遵照它的逻辑。

本章我们就围绕计算机程序设计中最基本、最核心的运算逻辑"程序控制结构"展开学习，包含顺序结构、分支结构（选择结构）、循环结构三种。其中顺序结构在我们第3章已经学习了，本章重点介绍分支结构和循环结构，并学习一种新的数据类型——列表来优化程序，最后自主设计实现一个猜数游戏。

学习目标 >>>

（1）理解分支结构、循环结构的工作过程，能够熟练编程并解决相关问题。

（2）在理解循环结构的基础上熟练掌握列表的使用，能够通过列表优化算法、简化程序。

（3）通过猜数游戏的设计，锻炼创意、创新能力，在综合使用各种程序控制结构实现猜数游戏的过程中提升计算思维。

4.1 治愈选择困难

探究一：计算机程序个性化的交互需要根据用户的选择来决定下一步如何处理，这种根据不同选择做出不同处理反馈的功能如何实现？

各种程序设计语言中都提供了这样的功能命令——分支结构。它的基本运行原理如图4-1所示。

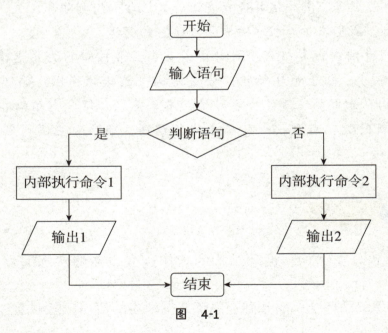

图 4-1

它的命令可以写为：

```
if 判断语句：
    执行语句
else：
    执行语句
```

其中，if、else两个命令语句表示：对于需要被判断识别的同一件事情，有两种不同的判断结果，也就分别对应不同的处理方式，两个语句是平行关系。"执行语句"前面的空白不能省略。在Python中，通过这样的空白，也就是四个英文空格，来表示代码命令的层次关系，称为"缩进"。

像这种有且仅有两种情况的分支结构，称为"双分支"。

探究二：有多种情况需要分别处理时，该怎么表示呢？

在分支结构中，对于需要被判断识别的同一件事情，可能存在多种不同的判断结果，这时就要用"多分支"来表示。它的基本运行原理如图4-2所示。

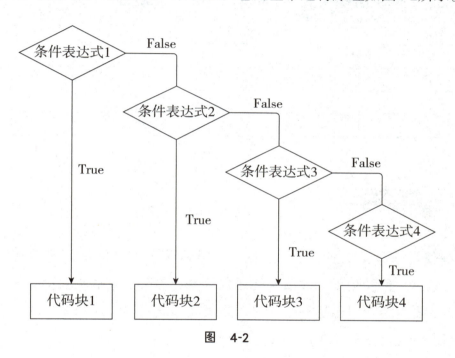

图 4-2

它的命令可以写为：

```
if 判断语句：
    执行语句
elif 判断语句：
    执行语句
elif 判断语句：
    执行语句
...
else：
    执行语句
```

其中，根据问题的实际情况，elif可以有多个。

探究三：图4-2是一种算法流程图，你知道该图中各图形所代表的含义吗？

一般情况下，程序设计人员会使用统一的、公认的图形来形象化地描述所编写程序的思路，称作"算法流程图"。请你查阅资料，看一看标准算法流程图中各图形所代表的含义是什么，完成表4-1。

表 4-1

图形	代表的含义
矩形	
平行四边形	
菱形	
圆形	

创意实践

1. 在使用双分支或多分支时，我们需要根据同一个问题可能存在的情况数量来编写程序。你能列举一些适合使用双分支、多分支来解决的实际问题吗？

例如：要判断开门还是关门，需要使用双分支；要实现对成绩的等级评定，需要使用多分支。把你的想法写在下面吧。

使用双分支：

使用多分支：

2. 以"比较两个数的大小"这一问题为例，在图4-3中将解决这个问题的算法流程图补充完整。

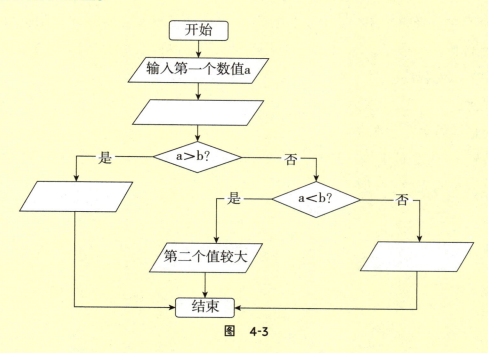

图 4-3

3. 绘制解决"餐厅打折"问题的算法流程图。

某餐厅规定，消费额度越高，餐费折扣越大，消费低于200元（含），餐费不打折；消费在200元至500元（含），餐费打8.5折；消费大于500元，餐费打7折后再优惠50元。请编写一个程序，根据输入的消费金额（元），输出应支付的餐费（元）。不会的同学可以参考本书"参考程序"中的示例程序。

4. 挑战最快速度编写解决"网站会员欢迎语"问题的程序。

某网站设计了4位数的会员编号,尾数为奇数的代表女士,为偶数的代表先生。为了在登录时给用户更贴心的服务,请你帮忙编写一个程序,根据键盘输入的姓名和会员卡号,输出相应的欢迎词。不会的同学可以参考本书"参考程序"中的示例程序。

样例:

请输入姓名:小明

请输入4位会员卡号:2104

欢迎小明先生

 思考延伸

1. 请你写出自己在编写分支结构程序时,容易出现的代码编写错误的情况。

2. 在程序设计中，除了分支结构，还有哪些其他结构吗？

程序设计中共有三大基本结构，分别为顺序结构、分支结构、循环结构。按照绘制流程图的效果和与之对应的代码观察：

（1）顺序结构就是从上到下一个方向执行到底。前面所学的turtle绘图程序、个性化计算器等，都是顺序结构。

（2）分支结构则要选择其中一个路径执行到程序结束。本节所讲的if命令就是实现这一功能的关键命令。

（3）循环结构则是一个闭合回路，在一定条件下重复执行相同的命令。下一节我们将详细学习循环结构。

3. "个性化计算器"是否可以使用选择结构，让其功能更加完善？

我们实际使用的计算器提供了很多种计算功能，这就不是简单的顺序结构能够实现的了。要根据用户的选择进行多种类型的计算，比如货币兑换计算器中，用户可以选择人民币与美元的货币兑换，也可以选择人民币与英镑的兑换等；面积计算器中，用户可以选择要计算面积的形状，如三角形、矩形、梯形等。对于某一类型的计算器来说，提供的功能越完善，实用性越强，当然编程要求就越高，分支结构就可以实现多种选择的功能需求。

下面提供一个"计算机存储容量换算计算器"的程序，你能通过阅读程序代码，描述出该计算器提供的功能吗？

```
print("这里是超级计算器！专为计算机存储容量换算使用！")
print("请输入您要转换的数字，不用带单位")
number=eval(input())
print("好的~请你输入上面数字的单位！选项：bit,Byte,KB,MB,GB")
danwei1=input()
print("收到！你要转化成的单位是？选项：bit,Byte,KB,MB,GB")
danwei2=input()
if danwei1=='bit':
    if danwei2=='bit':
        print("你是不是输错了？与上面的单位是一样的呀！")
        print("因此，答案还是这个数字：",number)
```

```python
        elif danwei2=='Byte':
            answer=number/8
            print(answer,danwei2)
        elif danwei2=='KB':
            answer=number/8/1024
            print(answer,danwei2)
        elif danwei2=='MB':
            answer=number/8/1024/1024
            print(answer,danwei2)
        elif danwei2=='GB':
            answer=number/8/1024/1024/1024
            print(answer,danwei2)
    elif danwei1=='Byte':
        if danwei2=='bit':
            answer=number*8
            print(answer,danwei2)
        elif danwei2=='Byte':
            print("你是不是输错了？与上面的单位是一样的呀！")
            print("因此，答案还是这个数字：",number)
        elif danwei2=='KB':
            answer=number/1024
            print(answer,danwei2)
        elif danwei2=='MB':
            answer=number/1024/1024
            print(answer,danwei2)
        elif danwei2=='GB':
            answer=number/1024/1024/1024
            print(answer,danwei2)
    elif danwei1=='KB':
```

```python
        if danwei2=='bit':
            answer=number*8*1024
            print(answer,danwei2)
        elif danwei2=='Byte':
            answer=number*1024
            print(answer,danwei2)
        elif danwei2=='KB':
            print("你是不是输错了？与上面的单位是一样的呀！")
            print("因此，答案还是这个数字：",number)
        elif danwei2=='MB':
            answer=number/1024
            print(answer,danwei2)
        elif danwei2=='GB':
            answer=number/1024/1024
            print(answer,danwei2)
    elif danwei1=='MB':
        if danwei2=='bit':
            answer=number*8*1024*1024
            print(answer,danwei2)
        elif danwei2=='Byte':
            answer=number*1024*1024
            print(answer,danwei2)
        elif danwei2=='KB':
            answer=number*1024
            print(answer,danwei2)
        elif danwei2=='MB':
            print("你是不是输错了？与上面的单位是一样的呀！")
            print("因此，答案还是这个数字：",number)
        elif danwei2=='GB':
```

```
            answer=number/1024
            print(answer,danwei2)
elif danwei1=='GB':
    if danwei2=='bit':
        answer=number*8*1024*1024*1024
        print(answer,danwei2)
    elif danwei2=='Byte':
        answer=number*1024*1024*1024
        print(answer,danwei2)
    elif danwei2=='KB':
        answer=number*1024*1024
        print(answer,danwei2)
    elif danwei2=='MB':
        answer=number*1024
        print(answer,danwei2)
    elif danwei2=='GB':
        print("你是不是输错了？与上面的单位是一样的呀！")
        print("因此，答案还是这个数字：",number)
else:
    print("输入错误！！！！")
```

4. 在完成一种选择后，还需要继续做出选择，该如何实现？

当在一种既定选择后还有多种选择需求的时候，可以嵌套使用选择结构。

图4-4是"计算机存储容量换算计算器"的部分程序。这个计算器提供五种存储容量单位之间的换算，用户可以自由选择转换前的原始单位danwei1和转换后的单位danwei2。

```python
1  print("这里是超级计算器！专为计算机存储容量换算使用！")
2  print("请输入您要转换的数字，不用带单位")
3  number=eval(input())
4  print("好的~请你输入上面数字的单位！选项：bit,Byte,KB,MB,GB")
5  danwei1=input()
6  print("收到！你要转化成的单位是？选项：bit,Byte,KB,MB,GB")
7  danwei2=input()
8  if danwei1=='bit':
9      if danwei2=='bit':
10         print("你是不是输错了？与上面的单位是一样的呀！")
11         print("因此，答案还是这个数：",number)
12     elif danwei2=='Byte':
13         answer=number/8
14         print(answer,danwei2)
15     elif danwei2=='KB':
16         answer=number/8/1024
17         print(answer,danwei2)
18     elif danwei2=='MB':
19         answer=number/8/1024/1024
20         print(answer,danwei2)
21     elif danwei2=='GB':
22         answer=number/8/1024/1024/1024
23         print(answer,danwei2)
24 elif danwei1=='Byte':
25     if danwei2=='bit':
26         answer=number*8
27         print(answer,danwei2)
28     elif danwei2=='Byte':
29         print("你是不是输错了？与上面的单位是一样的呀！")
30         print("因此，答案还是这个数：",number)
```

图　4-4

程序要先根据danwei1的选择做出判断，也就是最外层的选择结构，如第8行、第24行代码；然后按照danwei1的选择内容，再根据danwei2的选择进行具体计算，也就是里层的选择结构，如第9行、第12行、第25行代码。

这就是使用了多分支的嵌套。这里的"外层""内层"都是依靠缩进来实现的。

5. 你还有哪些拓展思考的问题呢？把这些奇思妙想写下来，我们一起探索。

4.2 不枯燥的重复

探究一：循环结构是什么意思？如何用流程图表示？

循环也就是重复的意思，在程序设计中，可以通过每次调整一个条件设定来完成需要多次重复执行的工作，直到不满足重复条件为止。比如体育课上老师提出要求学生跑3圈作为热身活动，此时跑圈这件事就是重复执行的工作，而学生每跑一圈所记录的数据就是每次调整的条件，当这个条件大于3时，学生就停止跑圈这项工作，也就是循环结束了。

循环结构有三种不同的类型：for循环、while循环、do...while循环，分别适合不同的循环需求，具体的区别可以从下面的流程图中加以分析。在实际使用中，for循环、while循环相对使用得更广泛一些。

观察for循环结构的流程图、while循环结构、do...while循环结构的流程图，如图4-5、图4-6和图4-7所示。注意识别图中闭合回路的部分。

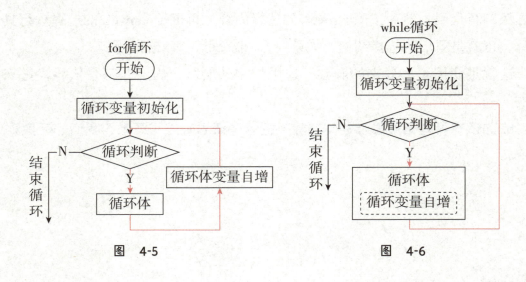

图 4-5　　　　　　　　　　图 4-6

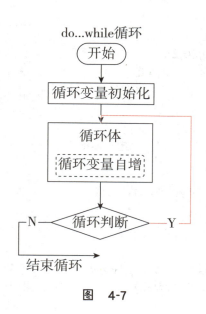

图 4-7

探究二：最常用的for循环如何使用？有哪些应用的实例？

```
for i in range():
    执行语句
```

```
for i in []:
    执行语句
```

以上是for循环结构的两种写法。其中i是一个自己定义的变量，它要在程序执行过程中，在range()或[]提供的范围中依次变换，每变化一次就是一次循环，就按照新获取到的值来执行冒号下面的"执行语句"。而range()提供的是一个数据区间的开始和结束；[]称为列表，则要详细列出范围中的每一个内容，可以是数值，也可以是字符。

range()也有一定的使用规则：

例1：range(2,7,2)所包含的数字是：2，4，6。

例2：range(2,7,1)包含的数字是：2，3，4，5，6。

例3：range(7,2,-1)包含的数字是：7，6，5，4，3。

总之，range(a,b,c)中，a表示起始值，是可以取到的；b表示结束值，不可以被取到，而只能取到b-1；c表示步长，也就是数值之间的间隔。需要注意的是，a和c都可以省略。当a省略时，其默认值为0；当c省略时，其默认值为1。但a和c不能同时省略。程序示例如图4-8所示。

```
File Edit Format Run Options Window Help
for i in range(10,20,2):
    print("当前循环的i值是：",i)
```

```
当前循环的i值是： 10
当前循环的i值是： 12
当前循环的i值是： 14
当前循环的i值是： 16
当前循环的i值是： 18
```

图 4-8

在for循环中使用列表的程序示例如图4-9所示，该列表中提供的变量fruit可以获取到的值是三个字符型内容。

```
for fruit in ['banana', 'apple', 'mango']:
    print ('当前水果: ', fruit)
```

```
当前水果: banana
当前水果: apple
当前水果: mango
>>>
```

图 4-9

探究三：while循环如何使用？它区别于for循环最明显的特征是什么？

观察图4-10所示的程序示例。

```
File Edit Format Run Options Window Help
count = 0
while count < 9:
    print('The count is:', count)
    count = count + 1
```

```
The count is: 0
The count is: 1
The count is: 2
The count is: 3
The count is: 4
The count is: 5
The count is: 6
The count is: 7
The count is: 8
>>>
```

图 4-10

while循环的命令如下：

```
while 循环条件：
    执行语句
```

总结

对比分析for循环和while循环两个实例可以发现，for循环在使用中是有明确的循环次数的，而while循环只有循环结束条件，循环次数并不确定，不同的循环变量变化情况会导致循环次数的随之变化。因此，在while循环中，循环变量的变化语句命令是必不可少的。我们在用编程解决问题时，要根据问题的情况，思考解决该问题时循环次数是否确定，从而选用更合适的循环结构，提高问题解决效率。

创意实践

1. 你能使用for循环，并结合turtle绘图的知识，绘制一个多层同心圆吗？将你的程序写在下面的空白处。

2. 自主设计一个有一定规律的图形，应用turtle绘图和for循环结构或while循环结构绘制出这个图形。可以参考图4-11所示的效果图，对其中颜色的处理可以使用"4.3 伸缩的列表"中的知识。不会的同学可以参考本书"参考程序"中的示例程序。

图 4-11

3. 下面这个问题是for循环使用中的经典问题——累加求和。计算机是如何做累加的呢？请你查阅资料，或和老师、同学讨论，然后完成该程序的编写。不会的同学可以参考本书"参考程序"中的示例程序。

计算机进行累加求和的方法是：

为鼓励小区居民进行垃圾分类、爱护家园，居委会想要统计每次参与志愿垃圾分类值守的平均年龄。请你编写一个程序，按照样例统计每位志愿者的年龄，然后输出他们的平均年龄。结果保留两位小数。

输入、输出样例：
统计的志愿者人数是（人）：4
志愿者1年龄是（岁）：28
志愿者2年龄是（岁）：35
志愿者3年龄是（岁）：40
志愿者4年龄是（岁）：30
志愿者的平均年龄是（岁）：33.25

4. 下面这个问题更为复杂一些，既用到重复执行，又需要比较判断大小，也就是需要将循环与分支两个结构嵌套在一起。你能够梳理清楚思路并编程解决它吗？不会的同学可以参考本书"参考程序"中的示例程序。

学校为了提升餐厅菜品质量，开始记录每天的剩饭剩菜产生量，从而了解学生对菜品的偏好。请你帮助老师编写一个程序，根据某月学生在校吃饭的天数及这些天里每天的垃圾处理重量，统计出最少的重量是多少。

输入、输出样例：
学生在校吃饭的天数是（天）：3
每天剩饭剩菜重量分别是（千克）：140
每天剩饭剩菜重量分别是（千克）：131.9
每天剩饭剩菜重量分别是（千克）：208
重量最少的是（千克）：131.9

5. 请你使用while循环解决下面的问题。不会的同学可以参考本书"参考程序"中的示例程序。

小明到低年级进行学科实践，他要带同学们以游戏的方式学习数学加法。小明让同学们围成一个圈，从1开始依次报数。请你帮他写一个程序，能够快速找出报数到几时，已报数值的和超过了500，同时输出当前这个和。

思考延伸

1. 请你查阅资料，了解do...while循环如何使用？它区别于while循环最明显的特征是什么？将你学习到的知识要点整理在下面。

2. 请你写出在编写循环结构程序时，容易出现的代码编写错误的情况。

3. 在一些循环结构的案例中经常能够看到break命令，这个命令是什么功能呢？

break表示"停止，结束"的意思，用在循环结构中，表示中断循环，执行循环之后的命令。与之相对的还有continue命令，它表示停止当前正在执行的某一次循环，而开始下一次循环。

你能读懂图4-12所示的程序并说出程序执行的结果吗？

```
for letter in 'Python':
    if letter == 'h':
        break
    print('当前字母 :', letter)

var = 10
while var > 0:
    print('当前变量值 :', var)
    var = var -1
    if var == 5:
        break
print ("Good bye!")
```

图 4-12

执行结果是：

4. 你还有哪些拓展思考的问题呢？把这些奇思妙想写下来，我们一起探索。

4.3 伸缩的列表

探究一：for循环中用到的列表还有哪些用法？

在for循环中，列表作为for循环的一部分，提供了循环范围。而它与range()的区别在于：列表是列举出范围内所有的可能，而range()仅提供范围的起始值。这正是列表的特点和功能。

列表是最常用的Python数据类型，用方括号[]表示，一般用来存储有限个数量的数据（称为元素），并且将它们全部列举出来，所以这些数据的个数通常不会太多。它所存储的元素不需要是相同的类型，每一个元素用逗号分隔开即可。所以在编写程序时，遇到需要存储、查找、引用多个数据的情况，都可以考虑使用列表，让算法更简洁，代码量更少。

探究二：如何使用列表？

（1）创建列表

像如下写法，就分别创建了list1、list2、list3、list4四个列表，其中list4是创建了一个空列表。

list1 = ['physics', 'Chinese', 1992, 2008]

list2 = [1，2，3]

list3 = ["a", "b", "c", "d"]

list4 = [ ]

（2）找到（引用）列表中的某个值

列表依靠"索引"来找到所存储的某个数据项。列表中的第一个数据项索引为0，第二个数据项索引为1……以此类推。比如要找到上面list3中的第二个数据项"b"，就可以写成：list3[1]。如果要输出这个值，则为：print(list3[1])。

（3）将元素添加到列表中、删除列表中的元素

列表被创建后，还有很多命令可以对其进行各类操作，最基本的就是添加元素和删除元素。

①添加元素：list.append()。该命令会将括号中填写的元素添加为列表的最后一个元素。而如果想将某个元素放入到列表中的指定位置，则需要使用list.insert()命令。

例如：list2.append(x)，list2则会变为[1,2,3,x]

list3.insert(2,"m")，表示在list3的索引为2的位置上放入元素m，也就是list3变为：['a', 'b', 'm', 'c', 'd']。

②删除元素：del。指定删除列表中的某个元素。

例如：del list1[2]，list1则会变为：['physics', 'Chinese', 2008]。

探究三：列表中同时存储了很多元素，除了对其中的单个元素进行操作外，还有对列表做整体处理的命令吗？

（1）确定列表的长度

快速知道列表中元素的个数，即列表长度，可以使用len()命令。

例如：color=['yellow', 'red', 'pink', 'blue']

len(color)的值则为4。

（2）找到列表中的最大值和最小值

max()、min()命令可以帮助我们快速找出最值，而不需要逐个做比较。

例如：num=[12,78,5,68,23,90]

那么，max(num)的结果为：90；min(num)的结果为：5。

（3）截取列表中的某部分内容

截取（引用）列表中的某部分内容，可以使用冒号来表示截取的起始。

例如：color=['yellow', 'red', 'pink', 'blue']

color[1:3]即表示找到从索引为1一直到索引为3的元素，但不包含索引为3的元素。那么，color[1:3]的结果即为['red', 'pink']。

color[-2]即为倒数第2个元素（倒数从-1开始），即['pink']。

创意实践

1. 体育老师为了掌握全班同学的体质情况，首先要登记全班同学的身高、体重及各项体质测试成绩，并希望能迅速找出身高最高、体重最大、体质测试成绩最好的同学。请你以身高为例，帮助体育老师迅速收集全班40名同学的身高情况，并能迅速找出身高最高同学的身高值。不会的同学可以参考本书"参考程序"中的示例程序。

2. 在前面已经完成的创意实践中，仔细找一找哪个实践的问题可以使用列表去解决？请你编写程序去实现。

前面的章节中，可以使用列表来解决的问题是：

编写程序运行成功后，思考使用列表解决该问题和不使用列表解决该问题有哪些异同？

解决同一问题的两段程序对比后，总结出的异同是：

1. 列表还提供其他功能的命令吗？

请你查阅资料，了解列表的更多功能及其相应命令。

命令是：_____　　实现的功能是：_____

命令是：_____　　实现的功能是：_____

命令是：_____　　实现的功能是：_____

2. 综合本节所学和查阅资料的收获，将创意实践1进行深度改编。

改编的题目是：

编程实现的关键命令是：

3. 你还有哪些拓展思考的问题呢？把这些奇思妙想写下来，我们一起探索。

4.4 被玩坏的经典猜数游戏

探究一：经典猜数游戏的规则是什么？

经典猜数游戏可以是两人对战或一人和一台计算机对战。规则是A方提出一个数值但不让对方获知，只给出一个范围，B方在该范围内猜测这个数是什么，随后A告知B是猜对了或是猜大了或是猜小了。重复多次，直到猜到正确的数值。

为了增加游戏的难度和趣味性，还可以设定一些限制，比如猜数次数、时间限制、提示方式、玩家自选功能等。

经典猜数游戏的算法流程图如图4-13所示。

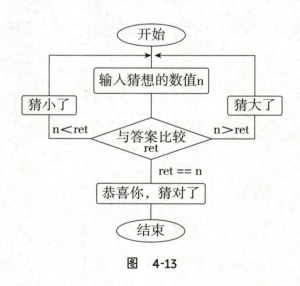

图 4-13

探究二：用Python编写程序实现经典猜数游戏时，需要用到哪些学过的编程知识？

请你参考以下提示，写出可能使用到的Python命令。

（1）A方、B方分别说出（写出、打印出）一个数字：

（2）比较大小：

（3）重复操作：

（4）其他命令：

创意实践

1. 以下面给出的经典猜数游戏为基础，你能设计一个更具有自己风格特点的猜数游戏吗？请你梳理自己的想法，有条理地写下来。

```python
import random
num=random.randint(10,99)
for i in range(5):
    guess=int(input("我猜的数（10~99）: "))
    tip=input("请选择是否需要提示(Y/N):")
    if tip=='N':
        if guess!=num:
```

```
            print("Fail")
        if i==4:
            print('Game over! The num is:',num)
        else:
            print("Bingo")
            break
elif tip=='Y':
    if guess!=num:
        g=num % 10
        s=num // 10
        gg=guess % 10
        ss=guess // 10
        if gg>g and ss>s:
            print("个位十位都偏大")
            if i==4:
                print('Game over! The num is:',num)
            elif gg>g and ss<s:
                print("个位偏大,十位偏小")
                if i==4:
                    print('Game over! The num is:',num)
            elif gg<g and ss>s:
                print("个位偏小,十位偏大")
                if i==4:
                    print('Game over! The num is:',num)
            elif gg<g and ss<s:
                print("个位十位都偏小")
                if i==4:
                    print('Game over! The num is:',num)
```

```
            elif gg==g or ss==s:
                print("其中一位猜对了")
                if i==4:
                    print('Game over! The num is:',num)
                else:
                    print('未知提示')
            else:
                print("Bingo")
                break
```

2. 按照你的设计，绘制猜数游戏的算法流程图（参考本章第1节中标准算法流程图的绘制规范）。

开始

结束

3. 按照上面的算法流程图，请你再接再厉，编写程序来完成游戏，并和同学一起体验游戏程序的实际效果。最后从以下两个角度评价自己编写的程序。

游戏的亮点：

游戏改进之处：

❓ 思考延伸

1. 以经典猜数游戏为例，我们已经进行了个性化的设计和实现，你还能想到其他可以改良的游戏吗？尝试绘制算法流程图来说明自己的思路。

游戏名称：

算法流程图：

2. 猜数游戏是一款人机互动的小游戏，在本书"3.2 人机互动（基本款）"的内容基础上，是否可以做更多实用的人机互动的工具呢？将你的想法写下来并尝试实现它。

3. 你还有哪些拓展思考的问题呢？把这些奇思妙想写下来，我们一起探索。

第5章 灵活的函数

内容概述 >>>

在前面所学的内容中，我们已经熟练使用许多命令实现绘图、计算等，这些命令的共同点之一就是都有括号，它代表什么意义？跟这一命令功能的实现是否有关系？本章，我们聚焦"函数"的话题，认识各种命令中"括号"的作用，学习如何按照自己的需求设计和使用函数。

学习目标 >>>

（1）理解内置函数和自定义函数，了解函数在编程中对实现既定功能、优化程序的重要作用，在资料查阅与探究中认识函数中的变量和返回值。

（2）通过分析示例程序和自主编写程序，掌握自定义函数的方法，能够调用自定义函数解决问题。

（3）综合运用已学知识设计并实现画板工具，进一步提高计算思维能力和创意思考能力。

5.1 函数练兵场

探究一：什么是函数？

在计算机程序设计中，函数是最常用、最有用、最不可或缺的功能。函数就像一个自动炒菜机器人，或者一个加工厂，我们不需要知道它的内部是怎样操作的，只需要提供原材料，它就能为我们提供美味的菜品或装配好的产品。而我们提供的原材料的数量和种类不同，都会影响最后的结果。

从程序设计的专业角度出发，可以把函数解释为：已经写好的、能够重复使用的、可以实现某种具体功能的代码段。而在不同的编程语言中，都会有各自不同的内置函数，也都可以按照规则去自定义函数。

内置函数： 在编程语言中，已经写好了某种具体功能，编程人员直接使用即可。比如在Python中，获取列表中数据的最大值、最小值，可以直接使用max()、min()，完全不需要去关注它们是如何对列表中的诸多数据逐个比较而得到结果的。这两个就是Python的内置函数。还有我们非常熟悉的print()、input()、int()、float()等，都是内置函数。

自定义函数： 就是需要我们根据问题需要，自己去定义对该问题的具体的、详细的处理过程，之后所有的这类问题都按照写好的处理过程去解决即可，而不需要对每个问题都再详细、具体地解决一遍。

探究二：为什么要学习使用函数？

在前面有关内置函数、自定义函数的介绍中，你应该已经很熟悉内置函数了，而自定义函数显得更灵活、更能随心而动。这正是函数的优势所在。它能让我们使用或定义某种功能来迅速得到处理结果，而不需要在遇到相同问题的时候，再做一遍完全一样的事情，减少代码量，也让编程思路更清晰。

探究三：函数有哪些结构特点可以便于识别？

从列举的几个内置函数中我们就可以看出：()是函数的标配，同时，在使用函数时，每个括号中都会有内容，之后就可以运行得到结果。

> **总结**
>
> 用函数名称+括号的形式表示函数，括号中的内容也就是加工前的原材料，称之为参数，运行得到的结果称为返回值。这样就构成了一个函数。你有没有发现：函数的参数并不是只能有一个，而是可以有多个。

创意实践

1. 了解了函数的结构特点后你会发现，自己写过的很多程序中已经用到了不少函数。这些函数大多为内置函数。请根据自己的所学和编程经验，列举出10个以上熟悉的内置函数，并描述其功能，分析它的参数和返回值，完成表5-1。

表 5-1

函数名称	应用举例	功能描述	参数	返回值
len()	len(list5)	得到列表list5中的元素个数	list5	一个数值

（续）

函数名称	应用举例	功能描述	参数	返回值

2. 在turtle绘图中，如果要绘制一个有一弯新月和满天繁星的夜空，你认为绘制过程中的哪个步骤使用自定义函数能够更便捷高效呢？

思考延伸

1. 函数一定都有参数吗？回想前面所学过的命令，你能找出3个没有参数的函数吗？

2. 你还有哪些拓展思考的问题呢？把这些奇思妙想写下来，我们一起探索。

5.2 我写我的函数

探究一：怎样自定义函数？

类比内置函数、分析使用函数的好处，你是否能理解到，自定义函数只是定义解决某一类问题的处理过程，或者计算方法，而并非是对某个具体问题的解决。

程序如何知道这就是我们自定义的函数呢？通用的办法是使用一个专门的词来标记，这个词就是def，也就是英文define的前三个字母。上一节讲到，函数要有名称，括号内可以有参数，最后还会有返回值，所以我们在自定义函数时，也应该明确这几项内容。

如图5-1所示，定义一个计算体脂率的函数BMI，并将计算结果保留两位小数。

```
def BMI(height,weight):
    cal=weight/height**2
    res=round(cal,2)
    return res
```

图 5-1

这样我们就定义好了能实现目标功能的函数，函数名称为BMI，参数为height、weight，返回值为res。

当函数功能不需要得到一个具体的数值时，可以只写一个return语句。如图5-2所示的写法，此时函数BMI的功能是在已知身高和体重后，输出体脂率。

```
def BMI(height,weight):
    cal=weight/height**2
    res=round(cal,2)
    print(res)
    return
```

图 5-2

探究二：如何使用自定义的函数？

自定义了某个功能的函数后，当我们需要使用它来解决具体问题时，就要调用该函数。

在调用自定义函数时，只要写出该函数名，并按照该函数的参数要求给出具体的参数值即可。

例如：输出身高为1.78米、体重为72千克的体脂率。在自定义了BMI函数后，调用该函数时，写为BMI(1.78,72)即可。其中1.78是给BMI函数中的参数height传递了具体值，72是给BMI函数中的参数weight传递了具体值。

图5-3和图5-4给出的两种定义和调用的写法都可以实现所需功能。

```
def BMI(height,weight):
    cal=weight/height**2
    res=round(cal,2)
    return res

print(BMI(1.78,72))
```

图 5-3

```
def BMI(height,weight):
    cal=weight/height**2
    res=round(cal,2)
    print(res)
    return

BMI(1.78,72)
```

图 5-4

探究三：为什么有些自定义函数没有写return，为什么有时候函数的调用结果为None？

在使用自定义函数时，如果没有return语句，程序会在执行过程中自动增加return None命令，但是我们看不到。所以当程序正确时，没有写明返回值return看起来并无大碍，而当程序有瑕疵时，就有可能得到None的结果。

探究四：在自定义函数中使用的变量，在程序的其他位置可以继续使用吗？

变量可以使用的范围，叫作变量的作用域。变量分为局部变量和全局变量两种。

在自定义函数中使用的变量，是局部变量。它只对该函数有效。同时，该函数运行时，也只能使用自己内部定义的变量。

全局变量是在自定义函数之外创建的变量，整个程序中都可以使用，如图5-5所示的程序和运行效果。

```
x=50
def func(x):
    print('x is:', x)
    x = 2
    print('now,x is:', x)

func(7)

print('after func,x is still:', x)
```

```
x is: 7
now,x is: 2
after func,x is still: 50
```

图 5-5

在图5-5的程序中，调用函数func，变量x从7变为2；当函数func执行结束，x值依然为第一行命令赋值的50。可见自定义函数内部的x（即局部变量）与自定义函数外部的x（即全局变量）并不冲突，因为局部变量在自定义函数执行结束后就不存在了，并不影响自定义函数外部的变量使用。

如果某些情况下，一定要在自定义函数中使用全局变量，可以使用global命令来声明。在图5-6所示的程序中，自定义函数weather使用了全局变量day，之后将全局变量的值sunny重新赋值为rainy，执行该函数后，全局变量的值即变为了rainy。

```
day = "sunny"
def weather():
    global day
    day = "rainy"
    print(day)

weather()

print(day)
```

```
rainy
rainy
```

图 5-6

创意实践

1. 补充图5-7所示的程序，实现计算三角形的周长和面积。

```
def circle(r):
    d=round(3.14*r*2,1)
    s=round(3.14*r**2,1)
    return ___ , ___

___ , ___ =circle(3)

print(d,s)
```

图 5-7

2. 阅读图5-8所示的程序，找出其中的自定义函数，分析该函数是如何被调用的，实现了怎样的效果。

自定义函数的名称：_____

调用语句：_____

实现的效果：_____

```
import turtle as t
import random
t.speed(9)
t.color('black','black')
t.begin_fill()
t.goto(-400,-100)
t.goto(400,-100)
t.goto(400,450)
t.goto(-400,450)
t.goto(-400,-100)
t.end_fill()

t.color('blue','blue')
t.begin_fill()
t.goto(400,-100)
t.goto(400,110)
t.goto(-400,110)
t.goto(-400,-100)
t.end_fill()

def star():
    for i in range(5):
        t.pensize(5)
        t.pencolor('light yellow')
        t.fd(15)
        t.lt(216)
```

图 5-8

```
for i in range(15):
    x=random.randint(-400,400)
    y=random.randint(100,400)
    t.penup()
    t.goto(x,y)
    t.pendown()
    star()

t.penup()
t.goto(-300,240)
t.pendown()
t.color('yellow','yellow')
t.begin_fill()
t.circle(50)
t.end_fill()

t.penup()
t.goto(300,300)
t.pendown()
t.pensize(9)
t.write('天涯共此时')

t.hideturtle()
```

图 5-8（续）

3. 请你自定义一个使用学号判断学生性别的函数（尾号是奇数则为男生，尾号是偶数则为女生）。不会的同学可以参考本书"参考程序"中的示例程序。

4. 请你为负责学校社团管理的老师编写一个程序，实现当输入某社团全体学生（如6人）的教育ID号码，即可输出学生的性别和年级。已知教育ID号码是六位数字，尾号是奇数则为男生，尾号是偶数则为女生，倒数第二位为年级，1

表示初一年级，2表示初二年级。建议使用列表来存储输入的教育ID号码；注意输入错误的情况处理；可以考虑整除和取余的方式获取末位及倒数第二位上的数字。不会的同学可以参考本书"参考程序"中的示例程序。

思考延伸

1. 我们在查阅资料时经常看到"形参""实参"这样的词，请根据本节所学和查阅到的资料，用自己的话概括你理解的"形参""实参"。

形参：_____

实参：_____

2. 函数的参数有哪些可能的情况？

（1）没有参数。如input()函数可以没有参数，turtle.done()命令没有参数。

（2）有一个或多个参数。大多数函数会有一个或多个参数。

（3）有默认参数。

以range()函数为例。range()函数的完整写法是：range(start,stop,step)。但我们时常写range(6)，而没有写出全部的3个参数。这里的start、step都可以称为默认参数，即在没有收到相应参数时，会使用默认值来运行程序。在range()函数中，start的默认值为0，step的默认值为1。

3. 你还有哪些拓展思考的问题呢？把这些奇思妙想写下来，我们一起探索。

5.3 乖乖画板你说我画

探究一：乖乖画板的程序是什么？

下面给出了一个乖乖画板的示例程序，同学们可以先了解一下。

```
import turtle as t
def yuan2():
    print("这是个羽毛球，你也可以看成是帽子")
    t.fillcolor(color[c1-1])
    t.begin_fill()
    t.circle(10)
    t.end_fill()
    t.fillcolor(color[c2-1])
    t.begin_fill()
    t.goto(-50,-80)
    t.goto(50,-80)
    t.goto(0,0)
    t.end_fill()
    t.hideturtle()
def yuan3():
    print("这是一扇带有圆形门把手的门")
    t.fillcolor(color[c1-1])
    t.begin_fill()
    t.goto(80,0)
    t.goto(80,130)
```

```
        t.goto(0,130)
        t.goto(0,0)
        t.end_fill()
        t.fillcolor(color[c2-1])
        t.begin_fill()
        t.penup()
        t.goto(60,55)
        t.pendown()
        t.circle(7)
        t.end_fill()
        t.hideturtle()
def yuan4():
        print("系统为你绘制了一个气球,你也可以当作棒棒糖")
        t.fillcolor(color[c1-1])
        t.begin_fill()
        t.circle(50)
        t.end_fill()
        t.pencolor(color[c2-1])
        t.pensize(5)
        t.right(90)
        t.forward(60)
        t.hideturtle()
isrunning=1
color=["yellow","red","blue","pink","purple"]
while isrunning==1:
        print("欢迎来到乖乖画板^.^")
        print("-------------------")
        print("你可以选择2个基本形状和2个颜色,画板自动组合为创意图像")
        drawing=1
        while drawing!=0:
                drawing=input("按0退出,按任意键新绘图开始~~~~~~")
```

```python
    if drawing=="0":
        drawing=0
        isrunning=0
        print("马上退出画板,欢迎再次使用。再见")
        break
c1=int(input("请输入选择的颜色:1黄色,2红色,3蓝色,4粉色,5紫色"))
c2=int(input("请输入选择的颜色:1黄色,2红色,3蓝色,4粉色,5紫色"))
image=[]
for j in range(0,2):
    b=input("请输入需要的基本形状的号码:1圆形,2三角形,3矩形,4直线")
    image.append(b)
if "1"in image and "2"in image:
    t.home()
    t.clear()
    yuan2()
elif "1"in image and "3"in image:
        t.home()
        t.clear()
        yuan3()
elif "1"in image and "4"in image:
        t.home()
        t.clear()
        yuan4()
else:
        print("系统暂时还未生成这两个形状的创意组合,你想把它们组合为什么
图形呢? ")
```

探究二:"你说我画"在Python中的实现规则是什么?

用Python实现你说我画,"你说"可以通过用户键盘输入的方式表达自己作为画板的用户所要画的内容,"我画"即是要用turtle绘图的方式来实现。

所以,"乖乖画板你说我画"就可以是结合turtle绘图的知识和其他Python知

识,实现一个可以按用户需求进行绘画创作的画板工具。

探究三:"你说我画"在Python中的使用规则是什么?

为了方便编写程序,我们可以根据自己的能力设定画板工具的使用规则,即该程序作为一个画板工具能提供的功能。

例如:①本画板提供了圆形、三角形、矩形、N边形的绘制,并可以选择红、黄、蓝、绿、紫五种颜色进行填充。

②可以让用户选择多个基本形状和颜色,画板随机完成绘制。

③可以提供几个图像名称,让用户选择要绘制哪个图像:使用本画板可以绘制羽毛球、小房子、信封、小汽车、大树等。

创意实践

1. 你要设计哪种功能的画板?

2. 按照你的设计,绘制画板的算法流程图。

开始

结束

3. 要实现你设计的画板功能，需要哪些Python编程知识？

（1）turtle绘图部分的编程知识：

（2）其他部分的编程知识：

思考延伸

1. 在编程实现乖乖画板的过程中，你遇到的问题有哪些？解决办法是什么？

2. 是否可以在不改变功能的情况下简化程序？尝试找到程序中可以用列表、循环、自定义函数等命令替换的部分。

3. 在编写程序时，使用哪些Python命令可以减少代码量？

4. 你还有哪些拓展思考的问题呢？把这些奇思妙想写下来，我们一起探索。

第 6 章　丰富的功能库

内容概述

　　Python语言能够在短时间内风靡全球，与其可以便捷实现各种功能需求有密切关系。这些功能的实现，离不开当前仍在不断扩充的功能库。什么是功能库？有哪些功能库？怎么使用功能库？不同功能库的实现效果是什么……一系列问题都将在本章找到答案。打开Python功能库的大门，你将能够在Python的世界里更加自由、畅快地遨游。

学习目标

　　（1）理解功能库的作用，了解标准库所包含的常用功能，能够自主学习积累标准库的使用方法，熟练运用标准库解决问题。
　　（2）了解第三方库提供的几种常用功能，通过词云图的绘制、数据图表的制作，体验第三方库的强大功能，进一步理解功能库的作用。
　　（3）通过案例程序阅读和案例程序改写，了解第三方库的使用方法和过程，能够将其迁移到其他功能库的使用中，强化自主探究学习能力。

6.1 标准库展览

探究一：功能库是什么，标准库是什么？

Python语言是一种开源的编程语言。开源是指软件代码是公开的，允许用户在规定的使用条款下自由使用、修改和传播。因此，Python语言的源代码可以被任何人免费获取、使用和修改。这就吸引了许多不同研究领域的开发者参与到Python的发展中来，让这门编程语言不断更新和改进。

Python语言的开源性使其拥有了丰富的功能库，即实现某一类功能的命令包。这些功能库可以分为标准库和第三方库两种。每种库中都包含许多函数和命令。

标准库也称为内置模块，是Python自有的功能库，如随机数random库、处理时间的time库、实现绘图的turtle库等。

其他的功能库均为第三方库，也称为功能模块。它是许多开发者根据不同领域的常见需求，开发的相比于标准库更为丰富的功能库，目前仍然在不断更新壮大。如NumPy库，能实现复杂科学计算；Pandas库，实现大规模数据集的数据处理；Matplotlib库，可以用来绘制数据统计图表等。

探究二：标准库有哪些？

我们在Windows环境下安装的Python程序通常包含了整个标准库。除了前面提到的random库、time库、turtle库等内置模块，还有处理异常的"内置异常"模块，实现文本服务的"文本处理"模块、"文件和目录访问"模块、"文件加密"模块，实现数据计算的"数字和数学"模块、"函数式编程"模块，以及实现互联网、多媒体、图形化用户界面（GUI）等相关功能的多种模块。

探究三：如何使用各种各样的功能库？

功能库是实现某种特定功能的命令包。就像维修师傅的工具包里有很多工具，在想要使用某个工具的时候，需要先打开这个包，才能拿出其中的工具。所以，当我们编写程序要使用某个功能库时，需要先使用import命令导入这个库，如import random、import turtle、import numpy。而由于第三方库并非是Python自有的，在使用前还要确保计算机中已经成功安装了第三方库，才能在编写代码时使用import将其成功导入，进而使用其包含的各种命令。

我们也可以使用from...import *，或from...import...的方式导入功能库，其中*表示全部。我们可以通过图6-1中的两种写法看到它们最基本的区别。但除此之外，两种写法还在程序运行的内存占用、运行时间效率等方面有所差别。

图 6-1

创意实践

1. 经典猜数游戏中使用的random库，就是Python的标准库之一。这个库中包含哪些命令？分别能实现怎样的功能？至少列举出3个。

（1）命令：＿＿＿＿＿＿＿＿＿＿＿＿＿＿＿＿＿＿＿＿＿＿＿

功能：＿＿＿＿＿＿＿＿＿＿＿＿＿＿＿＿＿＿＿＿＿＿＿＿

应用举例：＿＿＿＿＿＿＿＿＿＿＿＿＿＿＿＿＿＿＿＿＿

（2）命令：＿＿＿＿＿＿＿＿＿＿＿＿＿＿＿＿＿＿＿＿＿＿＿

功能：_____

应用举例：_____

（3）命令：_____

功能：_____

应用举例：_____

2. 设计一个需要使用math模块编程解决的问题。

3. 使用时间模块time和日期模块calendar，可以实现怎样的功能？

思考延伸

1. 如果你对前面提到的标准库提供的丰富功能感兴趣，选择其中1~2个，仿照创意实践1的示例，继续探究吧！

2. 从哪里能够查阅到完整的标准库内容和相关说明？

除了在互联网中直接搜索我们想到的问题，也可以利用官方文档系统性地了解Python语言所提供的各种功能（不同版本有所区别）。

Python官网提供了Python语言的官方文档，我们可以在页面左上角选择显示的语言、Python编程平台（IDLE）的版本，来查阅该版本Python提供的全部功能服务，如图6-2所示。

Python 3官方文档网址：https://docs.python.org/zh-cn/3/。

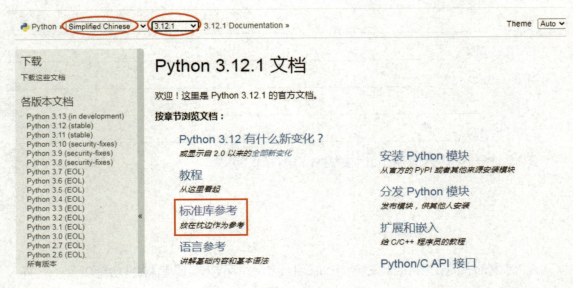

图 6-2

通过网络获取知识资料是数字化时代的人们要具备的能力。能够系统化、有重点、有深度地阅读知识资料，解决自己的困惑，更是凸显新时代青少年自主学习、持续学习能力的重要表现。

3. 你还有哪些拓展思考的问题呢？把这些奇思妙想写下来，我们一起探索。

6.2 读文本画词云图

探究一：绘制某个文本的词云图的步骤有哪些？

词云图是由大小不同、颜色各异的词语组成的图像。这些词呈现的大小与其在文本中的出现次数有关。出现的次数越多，显示的字体越大，在图中越突出。通过图像视觉上的突出，浏览者可以直观地获取文本中的关键词，迅速抓住文本重点，了解文本主旨。

当我们要动手制作一个文本的词云图，**首先**要做的就是将文本中的段落、句子拆分为词语，这个过程称为分词。**接下来**统计相同词语出现的次数，即词频统计。这时还要去掉如"的""啊""了""然后""在"等对于分析文本意义不大的语气助词、助动词、连词、介词等。**最后**按照词频绘制大小不同的词语，从而组成词云图。

如果通过编写程序实现上述过程，**首先**要让程序能够读取到文本，**进而**才能通过程序命令实现分词，**然后**根据不同词语的词频绘制出大小不同的词语，**最后**呈现完整的词云图绘制结果。这一过程看似困难，但上一节说到Python的开源特性让许多常见需求都可以使用相应的功能库来实现，词云图当然也不例外。因此，我们可以使用多个功能库来快速绘制某个文本的词云图。

探究二：绘制某个文本的词云图需要哪些功能库？

使用中文分词库jieba、绘制各种类型数据统计图表的Matplotlib库、按给定大小生成词云图的wordcloud库，就可以实现最基本的绘制文本词云图的功能。

而如果想对词云图的显示效果做更进一步的个性设置，如生成某种形状的词云图，就需要引入一张图片，让程序按照该图片的轮廓绘制词云图。这时则还需要用到处理图片的PIL库（其中的Image相关功能）来获取图片大小、相对位置等信息，再使用numpy库来记录图片边缘的位置信息，从而生成以该图像轮廓为形状的词云图。

探究三：第三方库如何下载并安装？

第三方库可以从官方网站下载并安装。同时，正因为Python的开源性才有了诸多第三方库，因此也可以从提供Python第三方库的网站中下载后安装。

（1）**官网网站**：https://pypi.org/ 在网页搜索栏中输入第三方库的名称，如wordcloud，之后按照网页提示完成下载并安装即可，如图6-3、图6-4和图6-5所示。

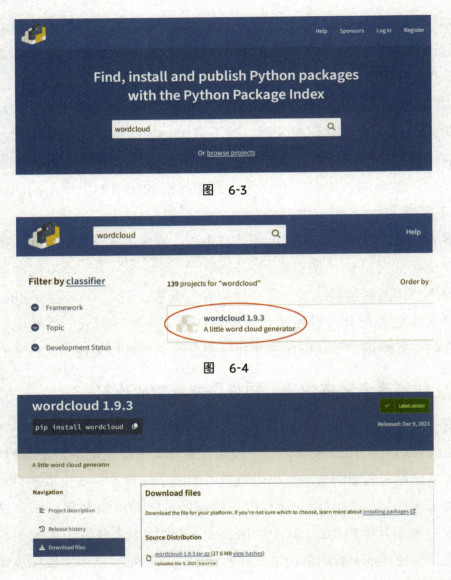

图 6-3

图 6-4

图 6-5

（2）**其他网站安装** 有不少网站提供第三方库的下载和安装，选择其中一个使用即可。批量化安装时还可以使用pip。pip是Python的库管理工具，在安装时可以帮助我们快速查找、下载、安装、卸载Python的第三方库。

例如：从https://pypi.tuna.tsinghua.edu.cn/simple网站下载并安装绘制词云图的第三方库，可以将如下命令写在写字板文件中，将文件设置为.bat格式，双击运行，即可完成这些库的下载和安装，如图6-6所示。

pip install matplotlib -i https://pypi.tuna.tsinghua.edu.cn/simple

pip install jieba -i https://pypi.tuna.tsinghua.edu.cn/simple

pip install wordcloud -i https://pypi.tuna.tsinghua.edu.cn/simple pause

其他网站安装第
三方库.bat

图 6-6

创意实践

1. 在计算机中安装绘制词云图所需要的第三方库。

2. 阅读图6-7所示的程序，准备好文本和字体文件，自主实践。

尝试调整其中的参数，查看不同参数时的程序运行结果，对比不同参数所得的结果，理解每个参数的功能。

```python
import matplotlib.pyplot as plt
import jieba
from wordcloud import WordCloud

text = open('二十大报告.txt', "r").read()
cut_text = jieba.cut(text)
result = " ".join(cut_text)#将分词的结果用空格分隔开

w = WordCloud(
        font_path=r'wqy-microhei.ttc',# 设置字体，否则会出现乱码
        background_color='white',
        width=500,
        height=350,
        max_font_size=50, # 最大字体
        min_font_size=10, # 最小字体
        mode='RGBA'
        )
w.generate(result)# 生成词云
plt.figure("YYXX")# 指定所绘图名称
plt.imshow(w)# 以图片的形式显示词云
plt.axis("off")# 关闭图像坐标系
plt.show()
```

图 6-7

说明：wordcloud默认不支持中文，所以在本程序所在文件夹内需要存放已下载好的中文字体。

3. 阅读图6-8所示的程序，对比其与图6-7所示程序的区别，写出该程序能够绘制出怎样的词云图。

```python
from PIL import Image
import numpy as np
import matplotlib.pyplot as plt
import jieba
from wordcloud import WordCloud

file = open('二十大报告.txt').read()
precut =jieba.cut(file)
finalresult = " ".join(precut)
pic_mask = np.array(Image.open("1.png"))# 设置图片遮罩的文件名
w = WordCloud(
    font_path='wqy-microhei.ttc',
    background_color="white",
    max_words=2000,
    width = 800,
    height = 600,
    mask=pic_mask,
    )

w.generate(finalresult)
plt.imshow(w, interpolation='bilinear')
plt.axis("off")
plt.show()
```

图 6-8

（1）分析程序后，我认为这个程序绘制的词云图效果是：_____
_____。

（2）自主准备字体、文本、图片文件，并放在同一个文件夹内。编写程序，生成一个自定义图形的词云图，打印出来贴在下面的空白处。（字体文件可以从网上下载）

1. 如何知道第三方库是否安装成功？

可以使用pip list查看计算机已经安装了哪些功能库：打开命令提示符窗口，输入"pip list"，所出现的列表就是已经安装成功可以使用的功能库。图6-9所示为在计算机中已经安装的第三方库。

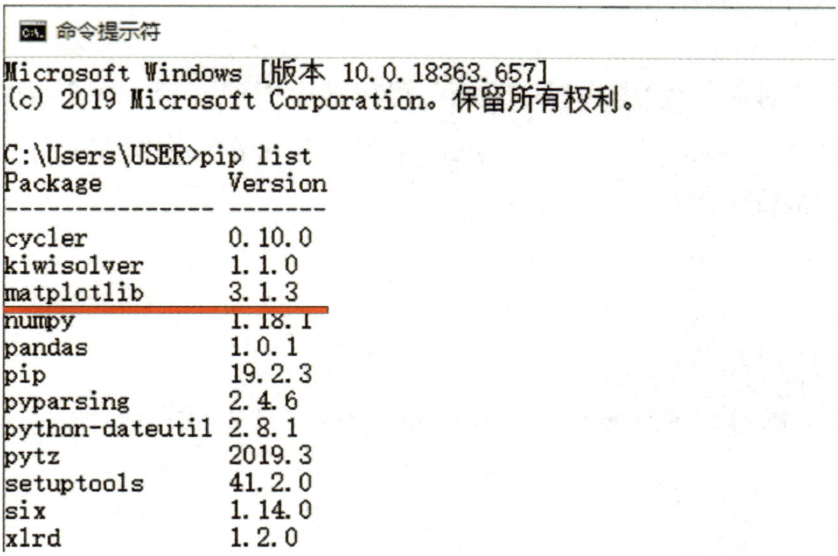

图 6-9

2. 为什么我的第三方库安装不成功？

安装不成功，可能是在最初安装Python程序时，没有勾选如图6-10所示的选项。此时可以将Python卸载后重新安装，或者查阅资料，手动实现"将Python添加到环境变量"，之后再尝试安装第三方库。

图 6-10

3. 是否可以将绘制的词云图直接导出为图片文件，而非Python程序的运行结果？

以本节的创意实践2中的程序为例，可以在生成词云后，补充将图片存储为图片文件的命令：w.to_file(r"wordcloud.png")，即可在程序所在文件夹内看到名为wordcloud的词云图。

4. 你还有哪些拓展思考的问题呢？把这些奇思妙想写下来，我们一起探索。

6.3 读数据画图表

学习探究

探究一：为什么要用Python代替表格工具来绘制数据图表？

数学与计算机的结合，让我们得以从大量看似不相关的数据中快速发现关联或规律，从而指导我们的生活实践，这个过程就是数据分析。而随着技术发展和交流的需要，人们越来越倾向于将数据分析的过程或结果用"图像"这种相比文字、数据表更直观、更形象的方式来呈现，从而帮助阅读者更迅速地读取数据，发现其中的关联，这就是数据可视化。数据图表就是数据可视化中特别重要的一种表现形式。

正如前面所说，Python各种各样的功能库提供了强大的数据分析功能，比如numpy、matplotlib、scikit-learn、pandas、ipython等，使得Python在科学计算方面拥有了更明显的优势。尤其是pandas库，在面对中型数据的处理问题上有特别突出的优势，已经成为大多数据分析工作中的必备工具。相比于表格工具，Python能够实现数据分析的数据量更大、计算类型更多样、数据可视化效果更丰富。

探究二：Python可以绘制哪些种类的数据图表？

随着Python功能库的不断丰富，其能绘制的图表样式也在不断增加。根据不完全统计，目前Python能够实现40个种类、约400个样式的图表绘制。除了我们常见的柱状图、饼图、折线图、散点图、雷达图、条形图、气泡图，还有我们较少用到的箱型图、二维密度图、径向柱图、矩形树图、韦恩图、圆环图、堆叠面积图、时间序列图、等值域地图、桑吉图、网状图等。

如果你对各种各样的图表感兴趣，可以自主查阅资料，了解不同种类图表的样式。

探究三：使用Python绘制数据图表需要使用哪些功能库？

使用pandas库和matplotlib库，即可实现数据图表的绘制。

pandas库是一个基于numpy库的工具，正是由人们要进行数据分析的需求应运而生，其中引入了大量库和一些标准数据模型，如快速便捷地处理数据的函数和方法、高效地操作大型数据集所需的工具等，是使Python实现强大且高效的数据分析功能的重要因素之一。

matplotlib库是一个2D绘图库，使用其中包含的pyplot模块可以方便地绘制出2D数据图表，并设置图表的相关属性。使用这个库时，可以直接写作：matplotlib.pyplot，即import matplotlib.pyplot。

简单概括来说，pandas库实现对数据的处理，matplotlib.pyplot用来对处理后的数据做数据可视化，即绘制出图表。

探究四：使用Python绘制数据图表的步骤是什么？

数据图表的基础是数据，在使用Python绘制图表前，一定要让Python能够读取到数据表。接下来便可直接使用pyplot模块中包含的图表类型，按照读取到的数据，绘制出图表的核心轮廓。

然而，为了增强图表的可读性，我们还需要添加图例、数据标签、坐标轴、坐标轴标签、图表标题等设置。当然，这些相关命令在pyplot模块中均有提供，直接使用即可。

最后将绘制的图像显示出来，或者保存起来即可。

创意实践

小张同学在寒假来临之际，对同学们喜欢的休闲活动进行了调查。我们一起使用Python帮他实现对调查所得数据的可视化。

（1）新建一个表格文件，按表6-1填充数据，保存并关闭文件。

表 6-1

初中同学喜欢的休闲活动	初一1班	初一2班	初一3班	初一4班	初一5班	初一6班	合计
运动	4	3	4	5	3	3	22
课外阅读	5	6	3	3	1	2	20
游戏	9	9	10	10	12	13	63
听音乐等娱乐	13	12	12	11	11	12	71
朋友聊天	7	6	8	7	7	5	40
吃零食	3	2	1	3	3	2	14
其他	4	5	3	4	4	3	23

（2）编写程序生成图表，实现数据可视化。

按照图6-11、图6-12和图6-13所示编写程序并运行，观察结果，对比分析其中的关键命令，填写下面的空格。

①图6-11所示程序生成的是_____图。

②图6-12所示程序生成的是_____图。

③图6-13所示程序生成的是_____图。

④读取数据文件的命令是_____。

⑤设置图表标题的命令是_____。

⑥设置图例的命令是_____。

⑦如果生成柱形图，需要使用_____命令。

⑧如果生成折线图，需要使用_____命令。

⑨如果生成饼图图，需要使用_____命令。

⑩在小张同学的调查中，我认为使用_____图实现数据可视化最好。

```python
import pandas as pd
import matplotlib.pyplot as plt

plt.rcParams["font.sans-serif"]=["SimHei"]

df = pd.read_excel ("初中同学喜欢的休闲活动.xls")

data = df["合计"]
labels = df["初中同学喜欢的休闲活动"]

c=plt.bar(labels,data)

plt.ylabel("选择人数")
plt.xlabel("休闲种类")

plt.legend(handles=[c],labels=['选择人数'],loc='upper right')

plt.title("初中同学喜欢的休闲活动统计图")

plt.show()
```

图 6-11

```python
import pandas as pd
import matplotlib.pyplot as plt

plt.rcParams["font.sans-serif"]=["SimHei"]

df = pd.read_excel ("初中同学喜欢的休闲活动.xls")

data = df["合计"]
labels = df["初中同学喜欢的休闲活动"]

c,=plt.plot(labels,data)

plt.ylabel("选择人数")
plt.xlabel("休闲种类")

plt.legend(handles=[c],labels=['选择人数'],loc='best')

plt.title("初中同学喜欢的休闲活动统计图")

plt.show()
```

图 6-12

```
import pandas as pd
import matplotlib.pyplot as plt

plt.rcParams["font.sans-serif"]=["SimHei"]

df = pd.read_excel ("初中同学喜欢的休闲活动.xls")

data = df["合计"]
labels = df["初中同学喜欢的休闲活动"]

c=plt.pie(data,labels=labels,autopct='%1.0f%%',pctdistance=0.8)

plt.title("初中同学喜欢的休闲活动统计图")

plt.show()
```

图 6-13

 思考延伸

1. 为什么无法生成图表？

使用Python生成数据图表，Python程序需要读取到表格文件中的数据，要保证所读取的内容是保存过的。同时，表格文件应该和Python程序在同一文件夹内，否则需要在程序中写出表格文件的详细位置，如图6-14所示。

| 初中同学喜欢的休闲活动.xls | 初中同学喜欢的休闲活动-饼图.py | 初中同学喜欢的休闲活动-折线图.py | 初中同学喜欢的休闲活动-柱形图.py |

图 6-14

2. 使用plt.legend()命令生成图例的具体规则是什么？

plt.legend()命令的完整参数设置是：plt.legend(handles,labels,loc,title,prop)。

handles：绘制出的一个数据系列；labels：每个数据系列的释义；loc：图例的位置；title：图例的标题；prop：图例中文本的属性设置。

3. 啤酒与尿布的故事是什么？这个故事说明了什么问题？

请你查阅资料，了解故事始末，思考从故事中得到的启发。

4. 你还有哪些拓展思考的问题呢？把这些奇思妙想写下来，我们一起探索。

参考程序

第2章

【2.1 创意实践2】示例程序

```
import turtle as t
t.forward(100)
t.right(144)
t.forward(100)
t.right(144)
t.forward(100)
t.right(144)
t.forward(100)
t.right(144)
t.forward(100)
t.right(144)
```

【2.2 创意实践2（2）】示例程序

（1）

```
import turtle as t
t.circle(5)
t.circle(15)
t.circle(35)
t.circle(80)
```

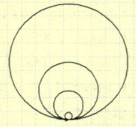

(2)
```
import turtle as t
t.pensize(3)
t.left(72)
t.forward(100)
t.left(72)
t.forward(100)
t.left(72)
t.forward(100)
t.left(72)
t.forward(100)
t.left(72)
t.forward(100)
t.right(36)
t.forward(100)
t.left(72)
t.forward(100)
t.left(72)
t.forward(100)
t.left(72)
t.forward(100)
t.left(144)
t.pencolor('green')
t.forward(160)
t.right(144)
t.pencolor('red')
t.forward(160)
t.pencolor('lightblue')
t.right(144)
t.forward(160)
t.pencolor('yellow')
t.right(144)
```

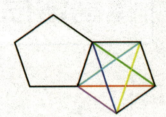

```
t.forward(160)
t.pencolor('blue')
t.right(144)
t.forward(160)
t.hideturtle()
```
（3）
```
import turtle as t
t.pensize(5)
t.pencolor("pink")
t.forward(100)
t.right(135)
t.forward(100)
t.right(135)
t.forward(100)
t.right(135)
t.forward(100)
t.right(135)
t.forward(100)
t.right(135)
t.forward(100)
t.right(135)
t.forward(100)
t.right(135)
t.forward(100)
t.right(135)
t.hideturtle()
```

（4）
```
import turtle as t
t.pencolor("yellow")
t.fillcolor("red")
t.begin_fill()
t.forward(100)
```

```
t.left(72)
t.forward(100)
t.right(144)
t.forward(100)
t.left(72)
t.forward(100)
t.right(144)
t.forward(100)
t.left(72)
t.forward(100)
t.right(144)
t.forward(100)
t.left(72)
t.forward(100)
t.right(144)
t.forward(100)
t.left(72)
t.forward(100)
t.end_fill()
t.hideturtle()
```

（5）
```
import turtle
turtle.bgcolor("blue")
turtle.fillcolor("pink")
turtle.begin_fill()
turtle.pencolor("pink")
turtle.left(60)
turtle.forward(100)
turtle.left(30)
turtle.circle(25,180)
turtle.right(180)
turtle.circle(25,180)
```

turtle.left(30)

turtle.forward(100)

turtle.end_fill()

turtle.hideturtle()

（6）

import turtle as t

t.pensize(7)

t.bgcolor("blue")

t.pencolor("orange")

t.fillcolor("yellow")

t.begin_fill()

t.circle(120,60)

t.left(120)

t.circle(-60,180)

t.left(120)

t.circle(120,240)

t.end_fill()

t.hideturtle()

（7）

import turtle as t

t.bgcolor("grey")

t.fillcolor("red")

t.pensize(3)

t.begin_fill()

t.left(45)

t.forward(100)

t.circle(20,180)

t.forward(100)

t.circle(20,180)

t.end_fill()

t.left(180)

t.circle(-20,90)

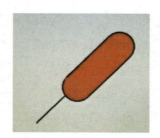

```
t.left(90)
t.forward(60)
t.hideturtle()
```
（8）

方法一：
```
import turtle as t
t.bgcolor("black")
t.pensize(25)
t.pencolor("pink")
t.fillcolor("yellow")
t.begin_fill()
t.circle(100)
t.end_fill()
t.hideturtle()
```

方法二：
```
import turtle as t
t.bgcolor("black")
t.fillcolor("pink")
t.pencolor("pink")
t.begin_fill()
t.circle(120)
t.end_fill()
t.penup()
t.left(90)
t.forward(20)
t.right(90)
t.pendown()
t.fillcolor("yellow")
t.pencolor("yellow")
t.begin_fill()
t.circle(100)
t.end_fill()
```

t.hideturtle()

【2.3 创意实践 1】示例程序

（1）

```
import turtle as t
t.circle(30)
t.penup()
t.right(90)
t.forward(30)
t.left(90)
t.pendown()
t.circle(60)
t.penup()
t.right(90)
t.forward(30)
t.left(90)
t.pendown()
t.circle(90)
t.hideturtle()
```

（2）

```
import turtle as t
t.fillcolor("black")
t.begin_fill()
t.forward(80)
t.left(90)
t.forward(200)
t.left(90)
t.forward(80)
t.left(90)
t.forward(200)
t.left(90)
t.end_fill()
t.penup()
```

```
t.goto(40,135)
t.pendown()
t.fillcolor("red")
t.begin_fill()
t.circle(20)
t.end_fill()
t.penup()
t.goto(40,85)
t.pendown()
t.fillcolor("yellow")
t.begin_fill()
t.circle(20)
t.end_fill()
t.penup()
t.goto(40,35)
t.pendown()
t.fillcolor("green")
t.begin_fill()
t.circle(20)
t.end_fill()
t.hideturtle()
 (3)
import turtle as tu
tu.pencolor("black")
tu.fillcolor("black")
tu.begin_fill()
tu.right(90)
tu.forward(200)
tu.left(90)
tu.forward(30)
tu.left(90)
tu.forward(200)
```

```
tu.end_fill()
tu.fillcolor("green")
tu.penup()
tu.goto(15,260)
tu.pendown()
tu.begin_fill()
tu.left(150)
tu.forward(135)
tu.left(120)
tu.forward(135)
tu.left(120)
tu.forward(135)
tu.end_fill()
tu.penup()
tu.goto(15,180)
tu.pendown()
tu.begin_fill()
tu.left(120)
tu.forward(130)
tu.left(120)
tu.forward(130)
tu.left(120)
tu.forward(130)
tu.end_fill()
tu.begin_fill()
tu.penup()
tu.goto(15,100)
tu.pendown()
tu.left(120)
tu.forward(125)
tu.left(120)
tu.forward(125)
```

```
tu.left(120)
tu.forward(125)
tu.end_fill()
tu.hideturtle()
 (4)
import turtle as t
t.pensize(5)
t.fillcolor("yellow")
t.begin_fill()
t.forward(100)
t.left(120)
t.forward(100)
t.left(120)
t.forward(100)
t.end_fill()
t.left(30)
t.begin_fill()
t.fillcolor("green")
t.forward(100)
t.left(90)
t.forward(100)
t.left(90)
t.forward(100)
t.end_fill()
t.penup()
t.goto(70,-50)
t.pendown()
t.fillcolor("red")
t.begin_fill()
t.circle(20)
t.end_fill()
t.penup()
```

t.goto(50,-100)

t.pendown()

t.right(180)

t.forward(150)

第3章

【3.1 创意实践1】示例程序

print("   *")

print("   * *")

print("   * * *")

print("   * * * *")

print(" * * * * *")

print(" * * * * * *")

print("* * * * * * *")

【3.3 创意实践2（1）】示例程序

total=float(input("购书总价是："))

m=total//100*30

print("优惠金额：",m)

【3.3 创意实践2（2）】示例程序

minutes=eval(input("该班每人体验所需时间（分钟）"))

num=int(input("该班学生人数(人)："))

h=minutes*num//60

m=minutes*num%60

print("全班学生完成体检需要"+str(h)+"小时"+str(m)+"分钟")

第4章

【4.1 创意实践3】示例程序

cost=float(input("请输入消费金额（元）："))

if cost<=200:

　　cost=cost

elif 200<cost<=500:

　　cost=cost*0.85

```
else:
    cost=cost*0.7-50
print("应支付的餐费（元）: ",cost)
```

【4.1 创意实践 4】示例程序

```
name=input("请输入姓名：")
card=int(input("请输入4位会员卡号："))
if card % 2==0:
    print("欢迎"+name+"先生")
else:
    print("欢迎"+name+"女士")
```

【4.2 创意实践 2】示例程序

（1）
```
import turtle as tu
tu.right(150)
for i in range(0,100,2):
    tu.left(60)
    tu.forward(i)
tu.hideturtle()
```

（2）
```
import turtle
colors = ["purple","blue","green","yellow","orange","red"]
x = 1
turtle.speed(10)
while x!=120:
    turtle.color(colors[int(100*x)%6])
    turtle.left(59)
    turtle.forward(x)
    x+=0.25
turtle.hideturtle()
```

【4.2 创意实践 3】示例程序

```
num=int(input("统计的志愿者人数是(人)："))
sum=0
```

```
for i in range(1,num+1):
    print("志愿者"+str(i)+"的年龄是(岁)",end=":")
    age=int(input())
    sum=sum+age
print("志愿者的平均年龄是(岁): ",round(sum/num,2))
```

【4.2 创意实践 4】示例程序

```
day=int(input("学生在校吃饭的天数是(天): "))
min=9999
for i in range(1,day+1):
    weight=float(input("每天剩饭剩菜重量分别是(千克): "))
    if weight<min:
        min=weight
print("重量最少的是(千克): ",min)
```

【4.2 创意实践 5】示例程序

```
count=1
sum=0
while sum<500:
    sum=sum+count
    count=count+1
print("当前和为",sum,"已经报数到: ",count)
```

【4.3 创意实践 1】示例程序

```
height=[]
for i in range(0,40):
    h=eval(input("该同学身高是: "))
    height.append(h)
print("身高最高同学的身高是: ",max(height))
```

第5章

【5.2 创意实践 3】示例程序

```
def girl_or_boy(stu_id):
    if stu_id % 2==0:
        s="女生"
```

```
    else:
        s="男生"
    return S
```

【5.2 创意实践 4】示例程序

```
def grade(stu_id):
    if stu_id % 100//10==1:
        g="初一年级"
    elif stu_id % 100//10==2:
        g="初二年级"
    else:
        g="请检查倒数第二位学号"
    return g
student=[]
for i in range(6):
    num=int(input("教育ID号码："))
    student.append(num)
for j in range(6):
    print("年级:",grade(student[j]),end="  ")
    print("性别:",girl_or_boy(student[j]))
```

育英科技课程系列丛书

丛书主编　于会祥
丛书副主编　梁秋颖

Python 基础探究
实践指南

薛晖 著

机械工业出版社
CHINA MACHINE PRESS

本书是"育英科技课程系列丛书"之一，由《学习指南》和《实践指南》2个分册组成。本分册为《实践指南》，共5章，注重实践应用，通过丰富的案例和项目，帮助你将所学知识应用于实际开发中，提高实际应用能力，包括了Python编程的基础知识、实践应用和扩展领域，内容全面。采用通俗易懂的语言，结合丰富的示例和图表，帮助你轻松理解Python编程的核心概念和技术要点。紧密结合实际应用场景，提供了一系列具有实际意义的案例和项目，帮助你更好地掌握Python在相关领域的基础应用。

本分册适合小学高年级及初中学生Python编程实践使用，也可作为中小学教师开展编程教学的参考用书。

图书在版编目（CIP）数据

Python基础探究. 实践指南 / 薛晖著. -- 北京：机械工业出版社, 2024. 8. -- ISBN 978-7-111-76300-0

Ⅰ. G634.673

中国国家版本馆CIP数据核字第20246K2J20号

机械工业出版社（北京市百万庄大街22号　邮政编码100037）
策划编辑：熊　铭　　　　　　　　　　责任编辑：熊　铭　张晓娟
责任校对：张勤思　张慧敏　景　飞　　责任印制：张　博
北京联兴盛业印刷股份有限公司印刷
2024年9月第1版第1次印刷
184mm×260mm・8.75印张・139千字
标准书号：ISBN 978-7-111-76300-0
定价：79.00元（共2册）

电话服务　　　　　　　　　　　网络服务
客服电话：010-88361066　　　　机　工　官　网：www.cmpbook.com
　　　　　010-88379833　　　　机　工　官　博：weibo.com/cmp1952
　　　　　010-68326294　　　　金　书　网：www.golden-book.com
封底无防伪标均为盗版　　　　机工教育服务网：www.cmpedu.com

育英科技课程研究小组

组　　长　梁秋颖

副组长　鲁婷婷

成　　员（以姓氏拼音排序）

丁曼旎　李豆豆　李　佳　李玮琳　牛冬梅

强　荣　孙宇阳　徐　娟　薛　晖　野雪莲

詹　静　张　花　张婷婷　赵运华

丛书序

　　科学教育是关乎全局和未来的大事。回望历史，科学打开了人类进步的大门。如果没有科学，人类可能仍然行走在黑暗之中，整日忙于生计却仍难以果腹，更无法摆脱愚昧的枷锁。展望未来，新一轮科技革命和产业变革正在重构全球创新版图、重塑全球经济结构。科技进步不仅改变着我们所处的世界，也深刻影响着国家前途命运和人民生活福祉。中小学阶段是孩子成长的拔节孕穗期，也是树立科学信念、增强科学素养的关键时期，这一阶段对于深化拔尖创新人才早期培养、构建支撑科技自立自强的人才链具有重要意义。

　　如何做好科学教育，已经成为摆在每一所中小学学校面前的时代课题。2023年5月，教育部等十八部门联合印发了《关于加强新时代中小学科学教育工作的意见》，文件明确指出，推动中小学科学教育学校主阵地与社会大课堂有机衔接，提高学生科学素质，培育具备科学家潜质、愿意献身科学研究事业的青少年群体，培养社会主义建设者和接班人。

　　北京育英学校从西柏坡一路走来，在赓续红色基因的同时，将科学教育作为为党育人、为国育才的重要抓手，专门成立跨学科教研团队，汇集数学、物理、化学、生物学、劳动、历史、信息科技、科学等学科的优秀师资力量，持续推进科技课程建设，实施启发式、探究式教学，探索项目式、跨学科学习，成功走出了一条科学教育特色办学之路。2023年5月31日，习近平总书记在育英学校考察时指出，科学实验课是培养孩子们科学思维、探索未知兴趣和创新意识的有效方式。总书记希望同学们从小树立"科技创新、强国有我"的志向，当下勇当小科学家，未来争当大科学家，为实现我国高水平科技自立自强做贡献。

　　我曾经沿着总书记的足迹到育英学校调研，从学生农场到科学教室，从课程教学到校园文化，边走边看，边学边悟，深刻感受到科学教育在这里深深扎根、悄然开花的育人魅力。在育英学校，学生可以在农作物种植中学习科学，可以在过山车实验中探究科学，甚至在教学楼后面还专门设有一处名为"科技苑"的活动区，学生可以利用课余时间，通过声聚焦、比扭力等30余件科技互动室外实验装置体验科学……

在育英学校调研时，育英学校于会祥书记讲了一个发人深省的育人故事。十多年前，学校有一名学生，他从小就非常喜欢研究昆虫，立志成为中国的法布尔。然而，爱好昆虫的他却受到了个别教师的一些质疑，认为他不以学业为重，不务正业。学校为了更好地保护他的好奇心、探求欲，激励更多学生爱科学、学科学、用科学，专门为他建造了一间开展昆虫研究的实验室，并以他的名字来命名。学校的支持与鼓励极大地激发了他的科学热情，他率先成立了昆虫社团，并最终顺利考入了心仪的大学。如今，育英学校已经拥有100多个学生自主社团，其中42个是科技社团。科学的种子正在一批又一批的育英学子心中生根、发芽、开花、结果。

经过长期探索与实践，育英学校科学教育体系化建设取得了显著成效，科技课程设置、教学创新、资源开发、环境营建等浑然一体，"做中学""玩中学"蔚然成风。在此基础上，"育英科技课程系列丛书"应运而生。它绝不是一套浅尝辄止的资料汇编，而是一份凝结了师生智慧、历经实践检验的行动指南。它对于中小学学校在"双减"政策背景下如何做好科学教育加法具有重要的借鉴和指导意义。

"育英科技课程系列丛书"内容丰富，第一期共有9个分册，努力做到了课程与配套资源的互补，保证学生在课上和课下的学习都能得到全方位的支持。目前，育英学校将科技课程纳入课表，作为正式课程实施，面向每一名学生开展跨学科教学和实践育人活动，以师生行动助推科学教育不断完善和优化。

其中，《综合科学》有4个分册，重点关注学生怎么学，遵循"知—思—行—达"目标体系，以学生为主体，在内容和方法上培养学生的创新思维和创新能力。考虑到不同层次学生的学习需求，我们根据项目任务的难度和复杂程度对项目进行了分类，并依据解决每一个项目问题所用的思维方法确定主要的表现性任务，进阶地设计了不同级别的课程。在这一过程中，教师不仅是学习的指导者，还是学习过程的评估员。项目注重运用评价量规进行过程性评估和结果检测，以监督学生实实在在地开展综合性学习实践。

《科学研究指南》分册以科学研究的基本流程为内容，为学生进行自主探究提供帮助。整体框架以科学研究流程为基础，涵盖了提出问题、进行猜想与假设、制订计划与方案、收集与整理数据、分析与总结、得出结论、形成成果以及展示成果等环节。学生只需阅读全书并根据提示将思考记录下来，就能在不知不觉中完成一次完整的科学研究。

《综合科学　学生自主探究成果集》分册是在学生完成《综合科学》学习之后，以学生自主探究思考与实践所取得的成果为主要内容的30个作品集锦。

《初中数学建模》分册从初中数学内容出发，给出了15个数学模型案例，这些案例旨在培养学生运用数学语言描述实际问题，运用数学知识和信息技术手段分析和解决实际问题，从而激发学生数学学习和探究科学的内生动力，增强他们的科学创新能力。

《初中数学建模　学生自主探究成果集》分册是在学生完成《初中数学建模》学习之后，以学生自主探究思考与实践所取得的成果为主要内容的47个作品集锦。

《Python基础探究》分册由《Python基础探究　学习指南》和《Python基础探究　实践指南》组成，从学生的思维发展入手，引导学生去主动思考、构建逻辑、创新实践，让学生在自己的主动思考中获得成就。《Python基础探究　学习指南》以问题探究的方式引导学生带着疑问主动学习，在掌握基础知识的同时建立兴趣、厘清思维逻辑。《Python基础探究　实践指南》以项目实践的方式，引领学生带着知识和技术走进生活中的实际情境，探究使用计算机程序设计创造性地解决问题的方法。

"日出江花红胜火，春来江水绿如蓝。"科学教育的春天扑面而来，我们要抓住机遇、乘势而上，从育英学校的科技教育实践中汲取智慧、积蓄力量，因地制宜构建科技课程与资源体系，创新课堂教学方式，深入实施启发式、探究式、项目式学习，广泛开展丰富多彩的学生科技社团与兴趣小组活动，引导学生培养科学精神、增强科技自信自立、厚植家国情怀，编织当科学家的梦想，为中国式现代化提供有力的人才支撑。

中国教育科学研究院

曹培杰

前言

习近平总书记指出，要培养担当民族复兴大任的时代新人。如今，基础教育课程改革进入"素养"时代。所谓"素养"，是指学生应具备能够适应终身发展和社会发展需要的必备品格和关键能力。素养是课程的根本遵循，课程是素养的有效手段。

作为课程改革的主阵地，编程课程建设成为我们应对瞬息万变的信息社会、与世界强国开展实力竞争的强大武器之一。

"编程的学习有助于中小学生的思维能力提升"已经成为大多数教师的共识。在素养教育背景下，编程课程如何建设才能让思维提升落到实处？中小学生应该进行怎样的思维锻炼才能形成素养？编者认为，主动的思考、在思考中发现并能够利用资料，从深度和广度两个方向，综合运用科技手段解决真实问题，是中小学生在编程学习过程中应该得到锻炼与提升的。

本书面向初次接触Python代码编程的小学高年级及初中学生，也适用于中小学教师作为开展编程教学的参考。让学生在问题引导中展开思考、加强练习、深化思维，夯实Python代码编程的基础知识与技能，直面真实生活需求，在实践中解决问题，寻求面对未知如何逐步学习、最终破解的新路径。无论这一方式是否成熟、完善，它都是我们在素养背景下积极进行综合课程探索的有益尝试。

我们始终保持研究的态度砥砺进取，为我国中小学生的科学素养发展增添一抹创新的底色。

目录

丛书序
前言
第 1 章　机器人讲故事　　　　　　　　1
第 2 章　Python 计算器　　　　　　　　17
第 3 章　有思想的程序　　　　　　　　35
第 4 章　机器视觉　　　　　　　　　　51
第 5 章　人脸检测与识别　　　　　　　74
参考程序　　　　　　　　　　　　　　96

第 1 章　机器人讲故事

情景导入 >>>

厨房里，妈妈正在忙碌地准备晚餐。一个小女孩坐在餐桌旁，很是无聊。妈妈注意到小女孩无聊的样子，便提议道："小丽，为什么不去找你的机器人朋友来讲个故事呢？"

小丽兴奋地跳了起来，跑向自己的房间。房间里摆放着一台计算机，小丽轻轻按下键盘，屏幕中跳出一个机器人，并显示出一段文字："你好，小丽。"

于是小丽就和机器人朋友开始了一段有趣的对话，机器人还能与小丽互动，给小丽讲有趣的故事呢。

如果一台机器人能和你对话，是不是一件非常有趣的事情呢？如果这台机器人的对话程序是你编写的，是不是更有趣呢？

学习目标 >>>

本章通过将"有趣的对话""机器人造句子""机器人讲故事"三个主题，运用列表、随机数、输入输出语句等命令函数编写具有对话功能的机器人程序。

1.1 有趣的对话

情景描述

一台机器人正在与你对话。这个机器人是由Python语言控制的，它能够理解并回答你的问题，让对话充满了趣味和惊喜。在这个情景中，Python语言赋予机器人智慧和无尽的可能性。尝试让机器人询问你的名字，并在对话中和你打招呼，询问你一些问题，并针对你的回答做出相应的反馈。

问题导入

怎么让机器人询问你的名字并识别你的回答呢？
下面我们就来学习编写与机器人对话的程序。

知识储备

1. 输出函数print()

print()是Python中的基础函数，用于打印输出，没有返回值。它可以打印很多种数据类型，如字符串、变量、列表、元组、字典、数字等。

参考程序如图1-1所示。

【参考程序】	【输出结果】
print('Hello world')	Hello world

图 1-1

print()是一个内置函数，在完成拼写正确时它会以特殊的颜色出现，如图1-2所示。仔细观察，如果拼错了颜色就会不一样。

```
print
point
```

图 1-2

数据类型：Python3中共有7种数据类型，即：数值型、字符型、布尔型、列表、元组、字典和集合。后4种统称数据容器。

数值型：常用的数值型有整型(int)、浮点型(float)。

字符型（str）：Python 中的字符型是一串由引号包围的字符。这些引号可以是单引号（'）或双引号（"）。

例如：'hello' 和"world"在 Python 中都是有效的字符串。

type()可以返回对象的类型。

例如：type(5)就是返回<class 'int'>。

参考程序如图1-3所示。

【参考程序】	【输出结果】
print(type(5))	<class 'int'>
print(type(3.14))	<class 'float'>
print(type('abc'))	<class 'str'>
print(type(True))	<class 'bool'>

图 1-3

2. 变量

变量是一个存储信息的地方，使用等号(=)可将其右侧的内容存储在左侧的变量中。

规则1：变量是会区分大小写的，即大写字母和小写字母是完全不同的变量。

例如：teacher、Teacher、TEACHER是3个不同的变量。

规则2：变量名必须以字母或下划线开头，绝对不能以数字开头。如：5good是不能作为变量名的。

规则3：变量名不能包含空格。

参考程序如图1-4所示。

【参考程序】	【输出结果】
a=4 b=10 c=a+b print(c) print('a+b=', a+b)	14 a+b=14

图 1-4

如果执行语句name='小丽',然后执行print(name)语句后,输出的结果是"小丽"还是"name"呢?

这里的"="是告诉Python要进行赋值,就是将等号右边的对象赋值给左边的变量。前面的执行语句就是把"小丽"赋值给一个叫"name"的变量。所以输出的结果是"小丽"。

3. 输入函数input()

input()是一个输入函数,用于接收一个标准输入的数据,就像是让计算机"听"到了消息。

参考程序如图1-5所示。

【参考程序】	【输出结果】
print('你的名字是？') name=input() print('你好'name) 【输入样例】 你的名字是？ python	你好　python

图 1-5

在Python里,print()输出之后默认换行,如果我们想在同一行显示其他可以使用逗号（,）将输出的内容分开,

例如:print('你好',name)。我们也可以使用end=' ',告诉Python不要换行,例如print('你好',end=' ')。

4. 分支语句

分支语句是编程中的一种逻辑表达式,也称为条件语句。它分为单分支语

句、双分支语句和多分支语句。

（1）单分支语句。

if 表达式：

　　语句块

参考程序如图1-6所示。

【参考程序】	【输出结果】
a=10 b=5 if a>b： 　print('a>b')	a>b

图　1-6

（2）双分支语句。

if 表达式：

　　语句块1

else：

　　语句块2

参考程序如图1-7所示。

【参考程序】	【输出结果】
a=10 b=15 if a>b： 　print('a>b') else： 　print('a<=b')	a<=b

图　1-7

（3）多分支语句。

if 表达式1：

　　语句块1

elif 表达式2：

语句块2

...

else:

语句块n

参考程序如图1-8所示。

```
【参考程序】
a=5
if a>=100:
    print('a>=100')
elif a>=10:
    print('100>a>=10')
elif a>=0:
    print('10>a>=0')
else:
    print('a<0')
```

```
【输出结果】
10>a>=0
```

图 1-8

写分支语句时不要忘记在if、elif、else的结尾处都要加上冒号（:），否则程序会报错。

Python中的引号分为单引号(' ')、双引号(" ")和三引号(""" """)。这三者在Python中没有本质区别，但必须成对使用。引号的主要作用是定义字符串。当定义多行字符串时，可以使用三引号。除此之外，还可以利用三引号进行多行注释。

Python可以直接输出中文，在Python3之前的版本可能会出现输出不了中文的情况，是因为编码的问题，所以在有些程序中会看到# -*- coding:UTF-8 -*-这条语句是为了可以输出中文。

在程序中反斜杠（\）是转义符，意思是在输出结果中下一行的内容与本行内容输出在同一行，这里要分清楚（/）是斜杠，而（\）是反斜杠。

基础程序

询问名字：name=input ('请输入你的名字：')。

打印名字：print('你好'+name)。

创意实践

请你按照以下对话内容缩写一个程序。不会的同学可参考本书"参考程序"中的示例程序。

小明和机器人有趣的对话如下：

机器人：你叫什么名字？

小明：小明。

机器人：你好，小明，你多大了？

小明：10岁。

机器人：我比你大3岁，我今年13岁了。你喜欢音乐吗？

小明：喜欢/不喜欢。

（喜欢）机器人：我也喜欢音乐，我最喜欢的一首歌是《我和我的祖国》。你喜欢什么呢？

小明：我喜欢《欢乐颂》。

机器人：太棒了，和你聊天真愉快，咱们下次再见！

（不喜欢）机器人：你喜欢什么呢？

小明：我喜欢体育。

机器人：虽然我不理解，但和你聊天真愉快，咱们下次再见！

思考延伸

1. 是否可以将print()和input()合并起来用,使两行代码变成一行代码?

2. 尝试更多的对话内容,思考一下如何设计一个更有趣的对话?

1.2 机器人造句子

学习探究

情景描述

你知道如何用Python让机器人造出有趣的句子吗?你是否想了解如何通过Python让机器人创造出富有创意和想象力的句子?你有没有想过,如果有一个能够根据你的指令自动造句的机器人,会是怎样的体验?你是否有兴趣探索如何利用Python让机器人能够根据不同的词语或短语,生成有意义的句子?你是否愿意尝试使用Python来编写一个程序,让机器人能够根据你的要求,生成各种不同风格的句子?

问题导入

机器人按照你提供的词库进行造句,每一个句子都是那么的让人感到惊喜。

本节我们将会使用列表。

列表是一种有序、可变、可重复的数据容器，是常用的基本数据类型之一。它可以存储任意类型的数据，所有数据放在方括号[]中，并且数据之间用逗号隔开。我们可以理解为列表把一堆东西存起来并按照编号编一个"组"或"集合"。

例如：word=['你好','我们一起去','开始']。

下面我们就来学习编写机器人造句子的程序。

知识储备

机器人可以按照设定的顺序进行造句，如果想要尝试更多的造句组合，我们可以使用随机函数random()。

以中文句式结构中的主谓宾结构为例，主语一般为名词，谓语一般为动词，宾语一般为名词、代词。我们可以设置不同的列表来表示句子结构，然后把它们排列起来。

1. while 循环

当循环条件为True或1时进行循环，当循环条件为False或0时退出循环。当程序执行到break语句无条件跳出循环，循环终止。

参考程序如图1-9所示。

图 1-9

2. 列表

列表中的排列是从0开始索引的，如果我们想输出第一个词可以写成

print(word[0])。如果不填中括号[],会输出全部,例如:print(word)。

列表的索引也可以是从尾部开始,最后一个元素的索引为-1,往前一位为-2,依次类推。

例如:word=['你好','我们一起去','开始'],元素索引见表1-1。

表 1-1

列表元素	'你好'	'我们一起去'	'开始'
正向索引	0	1	2
反向索引	-3	-2	-1

参考程序如图1-10所示。

【参考程序】
word=['你好','我们一起去','开始']
print(word[0])
print(word)
print(word[-1])

【输出结果】
你好
['你好', '我们一起去', '开始']
开始

图 1-10

列表切片:简单理解就是列表中的部分元素,即列表的子集。

切片格式:列表名[起点:终点:步长],其中起点索引默认为0,终点索引默认为末尾。

注意:索引左闭右开,也就是起点包含,终点不包含,到达则停止,步长默认是1。

参考程序如图1-11所示。

【参考程序】
word=['你好', '我们一起去', '开始', '野餐']
print(word[1:3])
print(word[:3])
print(word[1:])
print(word[0:4:2])

【输出结果】
['我们一起去', '开始']
['你好', '我们一起去', '开始']
['我们一起去', '开始', '野餐']
['你好', '开始']

图 1-11

3. 随机函数

随机函数是一个外部引用函数，可以返回一个随机生成的数。使用前需要引用import random函数，使用方法如下：

①random.random()：返回随机生成的一个浮点数，范围在[0,1]。

②random.uniform(a, b)：返回随机生成的一个浮点数，范围在[a, b]。

③random.randint(a,b)：生成指定范围内的整数，范围在[a, b]。

④random.randrange([start],stop,[step])：用于从指定范围内按指定基数递增的集合中获取一个随机数。

例如：random.randrange(10,100,2)，结果相当于从 [10,12,14,16,…,96,98] 序列中获取一个随机数。

⑤random.choice()：从指定的序列中获取一个随机元素。

例如：从字符串中随机取一个字符random.choice('学习Python')，从list列表中随机取random.choice(['good', 'hello', 'is', 'hi', 'boy'])，从元组中随机取random.choice(('str', 'tuple', 'list'))。

基础程序

设置主语、谓语、宾语列表：

主语=['我','你','计算机','仓鼠','哪吒','孙悟空']

谓语=['佩服','吃','喜欢','讨厌','害怕','相信']

宾语=['学生','老师','战斗机','未来','朋友','木头']

随机函数：

print(random.randint(0,5))

创意实践

请按照以下要求编写一个程序。不会的同学可参考本书"参考程序"中的示例程序。

创建3个列表，分别为"主语""谓语""宾语"，从这3个列表中分别随机选出一个值，按照"主语+谓语+宾语"的形式输出，并增加选择环节，询问是否继续造句。输入y，则继续造句；输入n，则结束程序并输出"下次再见"；输入其他按键，则提示输入有误。

思考延伸

除了主语、谓语、宾语，你还能增加一些词汇，让机器人造出更有趣的语句吗？

1.3 机器人讲故事

情景描述

你是否想过，如果有一台机器人能够给你讲述精彩的故事，会是怎样的体验？你是否对如何使用Python，让机器人生成有趣的故事感兴趣？你是否有兴趣探索如何通过Python，让机器人能够根据你的需求，创造出一个富有想象力的故事？你是否愿意尝试使用Python来编写一个程序，让机器人能够根据你的要求，讲述各种不同主题的故事？

问题导入

上一节中我们已经学会了使用列表和随机函数让机器人造句子。要让机器人讲故事，首先要对故事有一个简单的描述，然后将主语、谓语、宾语输入到列表中，最后机器人通过输入的数据自动生成一段故事。我们还要学会修改、输入列表的值，并在关键位置进行列表数据的提取与合成。

下面我们就来学习编写机器人讲故事的程序。

知识储备

1. 修改列表元素

可以使用赋值运算符（=）对列表中的元素进行修改。

参考程序如图1-12所示。

【参考程序】	【输出结果】
word=['你好', '我们一起去', '开始'] word[1]='一起' print(word)	['你好', '一起', '开始']

图 1-12

2. 添加列表元素

使用列表名.append（元素值）添加元素到列表的最后一项。

参考程序如图1-13所示。

【参考程序】	【输出结果】
word=['你好', '我们一起去', '开始'] word.append('野餐') print(word)	['你好', '我们一起去', '开始', '野餐']

图　1-13

3. 插入列表元素

使用insert(元素值)将元素添加到列表中指定的索引处。

参考程序如图1-14所示。

【参考程序】	【输出结果】
word=['你好', '我们一起去', '开始'] word.insert(2, '野餐') print(word)	['你好', '我们一起去', '野餐', '开始']

图　1-14

4. 删除列表元素

删除单个列表元素：del列表名[索引]。

删除多个列表元素：del列表[起点：终点：步长]。

删除列表元素时索引不能超出范围，删除多个列表元素时[ ]左闭右开。

参考程序如图1-15所示。

【参考程序】	【输出结果】
word=['你好', '我们一起去', '开始'] del word[1] print(word)	['你好', '开始']
【参考程序】	【输出结果】
word=['你好', '我们一起去', '开始', '野餐'] del word[1:3] print(word)	['你好', '野餐']

图　1-15

5. 删除列表指定元素

使用列表名.remove(元素值)可以根据元素值删除元素。

remove()只会删除第一个与指定值相同的元素,若元素值不存在会引发ValueError报错。

参考程序如图1-16所示。

| 【参考程序】
word=['你好', '我们一起去', '开始']
word.remove('开始')
print(word) | 【输出结果】
['你好', '我们一起去'] |

图 1-16

6. 列表相关内置函数

相关内置函数见表1-2。

表 1-2

函数名	功能	表达式	结果
len	返回列表元素个数	len([1,9,3,4,5,2])	6
max	返回列表元素最大值	max([1,9,3,4,5,2])	9
min	返回列表元素最小值	min([1,9,3,4,5,2])	1
sum	返回列表元素的和	sum([1,9,3,4,5,2])	24

基础程序

添加列表元素程序:

主语=[ ]

n=input('请输入主语,结束输入请输入n')

主语.append(n)

打印列表元素:print(主语)

随机列表全部元素:random.randint(0,len(主语)−1)

创意实践

请按照以下要求编写一个程序。不会的同学可参考本书"参考程序"中的示例程序。

输入用户所期望的"主语""谓语""宾语",并创建一段故事情节,例如"从前×××,突然有一天我们发现×××",利用"主语+谓语+宾语"的形式进行填词,对每一个列表都要在用户输入的全部范围内随机选出一个值,最终以故事的形式输出,并增加选择环节,询问是否继续。输入y,则继续;输入n,则结束程序并输出"下次再见";输入其他按键,则提示输入有误。

思考延伸

你能增加一些故事情节,让机器人讲出更长、更有趣的故事吗?

第 2 章　Python 计算器

情景导入 >>>

在一个普通的周末下午，小明坐在家里的书桌前，眉头紧锁。他面前堆满了各种账单和购物清单，他正在尝试用一支笔和一张纸来帮妈妈计算这个月家里的总支出。"哎呀，这个月的开销怎么这么多？"小明叹了口气，心中不禁感到有些焦虑。他想，如果能有一个工具可以快速、准确地帮他完成这些计算，那该多好啊！

就在这时，他的目光落在了计算机屏幕上。他想起自己曾经学过一点Python，为什么不尝试编写一个简单的计算器程序来帮助自己呢？说干就干，小明打开了计算机，准备开始他的编程之旅。几个小时后，一个简单而实用的Python计算器程序诞生了。小明兴奋地测试了一下，发现它不仅能够快速完成各种计算，还能清晰地展示计算过程和结果。

学习目标 >>>

通过本章的学习，编写具有交互功能的计算器程序。通过完成实际项目和练习，你将能够巩固所学知识并提高自己的编程技能。同时，反思在学习过程中遇到的困难和解决方法，以及如何将这些经验应用到以后的学习和实践中。

2.1 超市打折计算器

情景描述

小明帮妈妈去买5瓶牛奶,妈妈给了20元,超市牛奶3元/瓶。

程序实现1:小明花了多少钱?找回多少钱?

程序实现2:超市牛奶特价买2送1,特价前买5瓶牛奶的钱可以买到多少瓶特价牛奶?

程序实现3:超市活动满5元减2元,小明用活动前买5瓶牛奶的钱能实际买多少瓶牛奶?

程序实现4:超市大促销满5元减2元,牛奶特价买2送1,小明最多能买多少瓶牛奶?

程序实现5:输入购买金额、购买单价、购买数量,计算后显示以上所有信息。

问题导入

我们在超市购物时经常遇到这样的促销活动:"买10赠1""满50元减5元""折上折"……真的省钱吗?同样的钱是否能够买更多呢?

下面我们就来学习编写超市打折计算器的程序。

知识储备

1. 数据类型转换

int():去掉小数部分的整数,也叫向下取整。

float():带有小数位的数值。

str()：带有引号的字符串。

如果str()转成int()或float()，不能出现非数字，否则会报错。

参考程序如图2-1所示。

【参考程序】	【输出结果】
print(float(12)) print(int(13.999)) print(str(14)+str(5))	12.0 13 145

图 2-1

2. 运算符

"+""-""*""/"称为运算符。它们会针对符号两边的数字执行运算，运算符遵守数学运算法则的运算顺序。

特殊运算符：整除运算符 // 返回商的整数部分，取余运算符%返回商的余数。

参考程序如图2-2所示。

【参考程序】	【输出结果】
print(7//2) print(7%2)	3 1

图 2-2

在计算时一定要注意运算法测。

例如：print(2+3*4)结果是14而不是20。

基础程序

购买金额=牛奶数量*牛奶价格。

找回钱数=总钱数−购买金额。

买5瓶牛奶赠送的数量，可以使用整除的方法。

购买金额整除5，可以得到满减的次数。

满减的次数*2，得出满减的金额。

购买金额+满减金额，可以得出优惠后可使用的总金额。

优惠后的总金额整除牛奶单价，可以得出优惠后的数量。

创意实践

请按照以下需求编写程序。不会的同学可参考本书"参考程序"中的示例程序。

本书"学习探究"中情景描述的程序实现难度由低到高分别为：程序实现1→程序实现2→程序实现3→程序实现4→程序实现5。

请依次挑战难度，看看能不能最终完成程序实现5。

思考延伸

通过超市打折计算器的编程学习，你是不是发现了一些规律？如果超市还有其他的优惠，你能把它放进打折计算器里吗？

2.2 外卖订单计算器

情景描述

假设你是餐饮经营者,外卖是一个可以提高销售额的方法,你需要制订一份菜单及每样菜品的价格,然后编写一个程序,供顾客自主查看订单。

外卖订单需要支付平台费用(平台对每一笔订单的价格抽成)、外卖配送人员的劳务费用。

问题导入

一个最简单的外卖点餐程序需要包括菜品、数量、价格等,作为经营者还需要考虑在价格保持一定的情况下外卖订单抽取的平台费用、外卖配送人员的费用等。

下面我们就来学习编写外卖订单计算器的程序。

知识储备

1. for 循环

for 变量 in range(10):
  循环需要执行的代码

range()是Python中产生一个数的集合工具。基本结构为range(起点:终点:步长),即产生从起点开始、至终点结束、每次增加步长的数字集合。起点省略默认为0,步长省略默认为1,循环次数左闭右开,即到达终点则停止不计数。

参考程序如图2-3所示。

【参考程序】	【输出结果】

print('循环开始')
for i in range(3):
    print('第1次循环i的值%d'%(i))
for i in range(1,3):
    print('第2次循环i的值%d'%(i))
for i in range(0,3,2):
    print('第3次循环i的值%d'%(i))
print('循环结束')
	循环开始
	第1次循环i的值0
	第1次循环i的值1
	第1次循环i的值2
	第2次循环i的值1
	第2次循环i的值2
	第3次循环i的值0
	第3次循环i的值2
	循环结束

图 2-3

2. 跳出循环的方式

Python中跳出循环有两种方式：continue和break。

continue语句：用于跳过本次循环的剩余代码，并继续执行下一次循环。通常用于循环主体中的某个条件判定后，直接进入下一次循环的情况。

break语句：用于立即终止当前所在的循环，并跳出该循环的执行体。通常与条件语句搭配使用，当满足某个条件时终止循环。

两者的区别：continue跳出本次循环，继续下一次循环；break直接跳出循环体。

参考程序如图2-4所示。

【参考程序】	【输出结果】

for i in range(1,8):
    if i==4:
        continue
    print(i)
	1
	2
	3
	5
	6
	7

【参考程序】	【输出结果】

for i in range(1,8):
    if i==4:
        break
    print(i)
	1
	2
	3

图 2-4

for循环的嵌套参考程序如图2-5所示。

【参考程序】	【输出结果】
print('循环开始') x=0 for i in range(1, 4)： 　　print('执行第', i, '次') 　　for j in range(3)： 　　　　x=x+1 　　　　print('计数', x) print('循环结束')	循环开始 执行第 1 次 计数 1 计数 2 计数 3 执行第 2 次 计数 4 计数 5 计数 6 执行第 3 次 计数 7 计数 8 计数 9 循环结束

图　2-5

for循环的遍历参考程序如图2-6所示。

【参考程序】	【输出结果】
a='北京欢迎您' b=1 for i in a： 　　print('第%d个遍历值'%(b),i) 　　b=b+1	第1个遍历值 北 第2个遍历值 京 第3个遍历值 欢 第4个遍历值 迎 第5个遍历值 您

图　2-6

3. 多功能符号%

%，是一个求余数的运算符号，除此之外，在Python中%还常有%f、%d、%s等用法。

%f在Python中代表浮点数，一般有以下几种用法：

①%f：原样输出，Python3精度默认小数点后6位，最后一位四舍五入。

②%10f：输出数字总位数为10位，小数点也占1位。不够时左侧补空格。

③%02.f'02.'：表示只输出整数位，不够2位左侧补0；同理，'010.'表示只输

出整数位，不够10位左侧补0。

④%.2f：表示精确到小数点后2位（最后一位四舍五入），小数点前不变。

⑤%7.2f：表示输出精确到小数点后2位，总长度7位（含小数点），不够时左侧补空格。

⑥%-7.2f：表示输出精确到小数点后2位，总长度7位（含小数点），不够时右侧补空格。

%的占位用法：其作用是替后面的变量值占一个位置。'%d'是整数占位符、'%f'是浮点数占位符、'%s'是字符串占位符。

参考程序如图2-7所示。

【参考程序】	【输出结果】
a=3.123456789	3.123457
print('%f' %a)	3.123457
print('%10f' %a)	3
print('%2.f' %a)	03
print('%02.f' %a)	0000000003
print('%010.f' %a)	3.12
print('%.2f' %a)	3.123
print('%.3f' %a)	00003.12
print('%7.2f' %a)	3.120000
print('%-7.2f' %a)	

【参考程序】
name='刘小明'
age=12
height=163.5
print('我的名字是%s，我今年%d岁，我的身高是%.1fcm.' % (mane，age，height))
【输出结果】
我的名字是刘小明，我今年12岁，我的身高是163.5cm。

图 2-7

4. 字典

（1）字典的建立

字典名称={:value:key1:value1,key2:value2}。

key是不可变数据类型，一般都是用字符串，且不能在字典中重复。

value可以是任意数据类型。

（2）字典的读取

获取字典中的所有键：字典名.keys()。

获取字典中的所有值：字典名.values()。

遍历字典，获取所有的键和值：字典名.items()。

参考程序如图2-8所示。

【参考程序】

dic={'鱼香肉丝':20，'宫保鸡丁':22，'木须肉':18}

a=dic.keys()

print(a)

b=dic.values()

print(b)

c=dic.items()

print(c)

【输出结果】

dict_keys(['鱼香肉丝'，'宫保鸡丁'，'木须肉'])

dict_values([20，22，18])

dict_items([('鱼香肉丝'，20)，('宫保鸡丁'，22)，('木须肉'，18)])

图　2-8

（3）获取字典的数据

字典名[key]。

key要存在于字典当中。

参考程序如图2-9所示。

【参考程序】

dic={'鱼香肉丝':20，'宫保鸡丁':22，'木须肉':18}

a=dic['宫保鸡丁']

print(a)

【输出结果】

22

图　2-9

(4)字典的添加与修改

字典名[key]=value。

如果key存在,则是修改;如果key不存在,则是添加。

参考程序如图2-10所示。

【参考程序】
dic={'鱼香肉丝':20,'宫保鸡丁':22}
dic=['宫保鸡丁']=25
print(dic)
dic['木须肉']=18
print(dic)

【输出结果】
{'鱼香肉丝':20,'宫保鸡丁':25}
{'鱼香肉丝':20,'宫保鸡丁':25,'木须肉':18}

图 2-10

基础程序

1. 使用字典建立菜单

菜单={'鱼香肉丝:价格20元':20,'宫保鸡丁:价格22元':22,'木须肉:价格18元':18}

2. 通过遍历字典的键的方式输出菜单

for i in 菜单.keys():
  print(str(a),end='.')
   a=a+1
  print(i,end=' ')

3. 判断输入序号是否超过菜单数量

while 序号>len(菜单):
  序号=int(input('输入错误!请重新输入菜品的序号:'))

4. 将字典中的菜品价格生成列表

价格=菜单.values()

价格=list(价格)

5. 计算支付金额、外卖平台费用、外卖配送费用

支付费用=数量*价格

平台费用=支付费用*平台费率

订单收入=支付费用−(支付费用*平台费率+配送费)

创意实践

请按照以下要求编写程序。不会的同学可参考本书"参考程序"中的示例程序。

编写程序实现：

（1）输入外卖订单的平台费率、配送费、菜品名称、菜品数量，实现计算支付价格、平台费用、实际收入。

（2）尝试增加菜单中的菜品，优化程序结构。

思考延伸

为什么外卖订单支付这么多费用，商家还可以免外卖配送费，甚至打折呢？

2.3 人均分摊消费计算器

情景描述

朋友聚会经常平均分摊消费费用，但有时会遇到满减、打折的情况，甚至还有可能出现支付小费的情况，那么怎么样结算才最公平呢？

问题导入

结算后的总费用需要平均分摊，要考虑输入的费用精确到小数点后2位，也就是精确到分，那么分摊的费用也要精确到分。如果遇到折扣，则需要先扣除折扣费用，再进行平均分配，需要考虑四舍五入后人均分摊的费用可能大于或小于总费用的情况，并给出合理化建议。

下面我们就来学习编写人均分摊消费计算器的程序。

知识储备

1. split()

split()可以对任意string型的字符串和文字，按照指定的规则（文字、符号等）进行分割，并返回list值。

参考程序如图2-11所示。

【参考程序】	【输出结果】
a=str(3.1415926) b=a.split('.') print(b) print(len(b)) print(len(b[1]))	['3', '1415926'] 2 7

图 2-11

2. round()

round()用来返回一个浮点数的四舍五入值，该函数可以设置返回的浮点数的小数点位数。round()的语法是round(number[,ndigits])。其中，number：数值或者数值表达式；ndigits：四舍五入的精度，即返回小数点后几位，如果不指定，则返回整数的四舍五入值。

参考程序如图2-12所示。

【参考程序】	【输出结果】
a=3.1415926	3
print(round(a))	3.1
print(round(a, 1))	3.142
print(round(a, 3))	

图 2-12

基础程序

1. 输入的浮点类型总费用

总费用=float(input('请输入总费用(元)：'))

2. 判断小数点后是否最多是两位

总费用_str=str(总费用)

总费用_list=总费用_str.split('.')

while总费用<0 or len(总费用_list[1])>2:

  总费用=float(input('输入错误！请输入总费用"元"：'))

  总费用_str=str(总费用)

  总费用_list=总费用_str.split('.')

3. 计算打折和小费后的人均费用，小数点后四舍五入

实际费用=round(总费用*(1-打折)-小费,2)

人均费用=round(实际费用/人数,2)

4. 判断人均费用与实际支出费用是否一致

if 人均费用*人数==实际费用:

创意实践

请按照以下要求编写程序。不会的同学可参考本书"参考程序"中的示例程序。

编写程序实现：输入总费用、人数、折扣、小费等数值，计算均摊费用，并比较均摊费用与实际支出费用是否一致。

思考延伸

生活中还有没有其他优惠的情况呢？你能实践一下吗？

2.4 房屋实际面积计算器

情景描述

在现代建筑和房地产领域，准确计算房屋面积对于定价、交易和居住规划至关重要。本节课将探究一款房屋实际面积计算器。该计算器基于"建筑面积=套内建筑面积+公摊面积"的公式，通过输入房屋和楼道的尺寸，自动计算每户的建筑面积和使用面积，并进一步得出整栋楼的公摊面积。程序考虑到了外墙体和分隔墙的厚度，以及公共空间的分配，确保了计算的准确性。用户通过在简洁的界面中输入数据，即可获得相应的计算结果。

问题导入

已知如图2-13所示的楼层示意图，楼房共4层，每层4户，每户面积完全相同，房屋内的长为6.3m、宽为5.4m，公共楼道长为25.92m、宽为2m，外墙体厚度为0.24m，每户间的分隔墙厚度为0.24m，没有电梯和阳台。

下面我们就来学习编写房屋实际面积计算器的程序。

楼层示意图

楼道			
房屋1	房屋2	房屋3	房屋4

图 2-13

知识储备

建筑面积=套内建筑面积+公摊面积

套内建筑面积=套内使用面积+套内墙体面积+套内阳台建筑面积

公摊面积=公摊系数*套内建筑面积

公摊系数=总公共分摊面积/（套内建筑面积*总套数）

说明：公摊面积计算方式为公共门厅和过道+电梯井+外墙墙体水平投影面积的一半+楼梯间等。外墙墙体水平投影面积的一半可以理解为外墙厚度的一半算作套内面积、另一半算作公摊面积。

基础程序

房间面积=屋内长*屋内宽

楼道面积=楼道长*楼道宽

套内墙体面积=外墙体面积的一半+公共墙体面积的一半+隔户墙体面积的一半

请按照以下要求编写程序。不会的同学可参考本书"参考程序"中的示例程序。

编写程序实现：如图2-13中房屋的建筑面积、使用面积，并计算整栋楼的公摊面积。所有面积保留小数点后两位。

思考延伸

如果有电梯和阳台，该怎么计算建筑面积呢？如果不是一整间，而是一室一厅一卫一厨房呢？

2.5 温度转换计算器

情景描述

在日常生活中，我们经常需要将温度从一种单位转换为另一种单位。比如，我们需要将华氏温度转换为摄氏温度时，或者反过来进行转换。

在表示温度的时候有两种表示方式：华氏与摄氏。

华氏温标：是德国人华伦海特（Fahrenheit）于1714年创立的温标，以F表示。他以水银为测温介质，在标准大气压下，冰的熔点定为32°F、沸点定为212°F，中间分为180等份，每等份为1°F。

摄氏温标：1740年瑞典人安德斯·摄尔修斯（Celsius）提出在标准大气压下，把冰水混合物的温度定为0℃，水的沸点定为100℃。根据水这两个固定温度点来对温度进行分度。两点间做100等分，每段间隔称为1摄氏度，记作1℃。

问题导入

为了方便地进行不同温度单位的换算转换，我们可以使用一个温度转换计算器。这个计算器应该能够自动完成华氏温度和摄氏温度之间的转换，为用户提供一个方便的工具。通过使用这个计算器，用户可以轻松地输入温度值和单位，并快速获得转换结果。

下面我们就来学习编写温度转换计算器的程序。

知识储备

为了实现这个计算器，我们需要了解温度转换的原理和数学模型。首先，我们需要了解华氏温度和摄氏温度之间的转换公式。

华氏温度转换摄氏温度：℃ = (°F – 32) / 1.8

摄氏温度转换华氏温度：°F=℃ * 1.8 + 32

其次，我们将使用Python的数学和输入输出功能来实现温度转换算法。在实现过程中，我们需要注意一些关键问题，需要确保输入的温度值和单位是有效的。另外，我们还需要处理一些异常情况，例如用户输入无效的数据等。

基础程序

华氏温度转换摄氏温度：C=(F–32)/1.8

摄氏温度转换华氏温度：F=C*1.8+32

创意实践

请按照以下要求编写程序。不会的同学可参考本书"参考程序"中的示例程序。

编写程序实现：选择转换公式后输入当前温度，并转换为相应的华氏温度或摄氏温度计量单位。保留小数点后两位。

思考延伸

温度转换计算器还可以应用在什么地方？说一说它的作用。

第 3 章　有思想的程序

情景导入 >>>

一个周末的下午，小丽和小明在公园里玩起了石头、剪刀、布的游戏。两人玩得不亦乐乎，但小丽总是输给小明。突然，小丽想起了自己计算机里"石头、剪刀、布"的程序，小丽决定让小明试试，看看小明是否能赢计算机。

小方经营着一家小型地毯商店，他总是算不准顾客需要的尺寸，于是他决定使用程序来帮助自己。该程序可以根据顾客的喜好和需求，智能地推荐适合他们的地毯。这样一来，小方的商店吸引了更多的顾客，销售额也随之攀升。

老李一直关注自己的身体健康，但他总是忙于工作，很难抽出时间去医院做全面检查。有一天，他听说了一款名为"身体健康分析"的程序，可以通过输入身高、体重、饮食等信息，智能地分析出身体状况和潜在的健康问题。于是老李决定试试这款程序，以便更好地了解自己的身体状况。

通过这些贴近生活的故事，我们可以看到有思想的程序为我们的生活带来了便利和乐趣。从游戏对决到身体健康分析，这些程序都在为我们解决实际问题，提高生活质量。同时，它们也展示了人工智能技术在日常生活中的广泛应用和潜力。随着人工智能的飞速发展，我们越来越深入地认识到程序不仅是一种工具，更是一种可以拥有思想的生活助手。

学习目标 >>>

通过了解什么是程序的思想，理解程序如何进行决策和推理。掌握如何编写有思想的程序，对程序中的逻辑进行深入讨论，激发思考和探索欲望。在实践中感受编程的思想，培养解决问题的思维能力。

3.1 石头、剪刀、布

情景描述

我们都熟悉的一种游戏"石头、剪刀、布",也叫"猜拳",3种手势相互制约,因此不论平局几次,总会有胜负的时候。从概率上来讲,无论你出哪一种手势,都有 $\frac{1}{3}$ 的获胜概率,所以双方的胜负概率是一样的。

问题导入

如果让计算机和你一起玩"石头、剪刀、布"是不是很有趣呢,你能战胜计算机吗?

当然下面要编写的程序是不会让计算机作弊的,也不会出现先出还是后出的问题。

下面我们就来学习编写"石头、剪刀、布"游戏的程序。

三局两胜:总共玩三局。赢两场则胜利,输两场则失败,一胜一负一平局则打成平手。

知识储备

石头胜剪刀、剪刀胜布、布胜石头,玩家同时出相应的手势来决出胜负。

基础程序

建立猜拳列表:猜拳=['石头','剪刀','布']。

机器随机出拳:机器=猜拳[random.randint(0,2)]。

使用变量记录胜利和失败:胜利=胜利+1;失败=失败+1。

判断出拳：
if x=='石头':

    ...

elif x=='剪刀':

    ...

elif x=='布':

    ...

else:

    ...

判断是否胜利：
if 胜利>失败:

    print('你赢了')

    elif 胜利==失败:

        print('平局')

else:

    print('你输了')

创意实践

请按照以下要求编写程序。不会的同学可参考本书"参考程序"中的示例程序。

实现1：使用列表，制作一个三局两胜的猜拳游戏。

实现2：三局两胜，显示结果。

实现3：如果输入手势名称错误，则判定为"耍赖"，失败加1。

程序写法不唯一，你能用多种方式编写这个程序吗？

3.2 密码登录

情景描述

密码是我们生活中常用的一种保护个人信息和数据安全的重要方式。当你在使用网络服务、登录电子邮箱、访问银行账户等需要验证身份的场合，都需要输入密码进行身份验证。密码登录不仅保护了个人隐私，还避免了未经授权的访问和数据泄露的风险。

问题导入

通常密码功能由用户名、密码两部分组成。

密码计算器如何实现用户名和密码的验证模式？有什么方式可以保护暴力测试密码？

下面我们就来学习编写实现密码登录的程序。

知识储备

1. for…else语句

如果for循环正常执行完毕，则执行else里面的语句。否则不执行。

例如： for 循环中有 break 导致循环没有正常执行完毕，那么 else 中的语句将不会执行。

参考程序如图3-1所示。

【参考程序】
```
for x in range(5):
    print(x)
else:
    print('如果正常循环结束会看到此代码')
print('结束')
```

【输出结果】
```
0
1
2
3
4
如果正常循环结束会看到此代码
结束
```

图 3-1

参考程序如图3-2所示。

【参考程序】
```
for x in range(5):
    if x==3:
        break
    print(x)
else:
    print('如果正常循环结束会看到此代码')
print('下一代码')
```

【输出结果】
```
0
1
2
下一代码
```

图 3-2

2. 延时命令

（1）使用time模块延时调用函数：import time

延时使用方法：time.sleep(1)

1代表1秒，当然如果想时间短一点可以设置0.1秒、0.01秒……

（2）时间戳函数time.time()

使用time.time()可以生成时间戳，通过时间戳可以计算代码的执行时间。

参考程序如图3-3所示。

【参考程序】
```python
import time
a = time.time()
for i in range(100000000):
    pass
b = time.time()
print('当前程序运行时间', b-a)
```

【输出结果】
当前程序运行时间 3.6209998130798934

图 3-3

（3）把时间戳换成字符串函数time.ctime()

使用time.ctime()可以把时间戳换成字符串。当传参为时间戳的时候生成字符串，字符串也就是当前的日期。

参考程序如图3-4所示。

【参考程序】
```python
import time
a = time.time()
print(a)
b = time.ctime(a)
print(b)
```

【输出结果】
1705150153.0746002
Sat Jan 13 20:49:13 2024

图 3-4

（4）将时间戳转换为元组函数time.localtime(time.time())

可以使用time.localtime(time.time())来生成一个元组，当我们想要使用日期当中的某个元素时，就可以直接调用。

参考程序如图3-5所示。

【参考程序】
```
import time
t = time.localtime(time.time())
print(t)
print(t[0])
print(t[2])
```

【输出结果】
time.struct_time(tm_year=2024, tm_mon=1, tm_mday=13, tm_hour=20, tm_min=50, tm_sec=21, tm_wday=5, tm_yday=13, tm_isdst=0)
2024
13

图 3-5

基础程序

循环3次：for i in range(3):

跳出循环：break

判断是否相等：if name == 'yuying':

创意实践

请按照以下要求编写程序。不会的同学可参考本书"参考程序"中的示例程序。

编写程序实现：判断输入用户名、密码是否正确，测试用户名为"yuying"，测试密码为"biancheng"。如果输入3次错误，则需等待3秒后才能再次登录，登录成功后显示相关提示信息和时间戳。程序流程如图3-6所示。

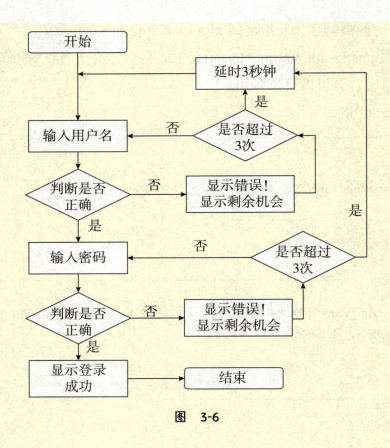

图 3-6

思考延伸

本节编写的程序中我们指定了用户名、密码，你能设计一个注册用户的程序吗？用户的密码是否可以进行修改？

3.3 小方卖地毯

情景描述

小方是一家地毯售卖商店的老板，顾客来购买地毯时，他时常记不起来库存是否足够，每次都得查看自己手写的进货记录单，手算地毯的售卖价格。而小方售卖的地毯都是宽为4m、长为40m的整卷，售卖时要根据客户的需求进行长度裁剪，宽度不变，从而计算售卖平方米的价格。

小方每卷地毯的进价是4000元，每平方米售卖价格是30元，他迫切地需要一个能够实现显示库存、单价、售卖价格的工具。

问题导入

按照小方的售卖方式，需要根据顾客的需求进行换算。由于地毯宽度固定，根据需求计算出需要裁剪的长度即可。

下面我们就来学习编写一个地毯库存售卖的程序。

知识储备

平方米的计算方式是长乘宽。

顾客买地毯一般都是纵向成条状平铺,而小方的库存地毯都是宽为4m、长为40m的整卷,假设客户需要铺设地毯的房间宽为10m、长为12m,可以匹配出3块宽为4m、长为12m的地毯纵向平铺,第三块的宽裁掉2m,总共购买4m乘36m。也可以匹配为3块宽为4m、长为10m的地毯横向平铺,总共购买4m乘30m。

基础程序

输入用户的需求:

print('当前库存数量长度'+str(库存长))

用户长=float(input("输入使用长度"))

用户宽=float(input("输入使用宽度"))

判断按照4m宽+用户长度是否有小数出现,如果有小数出现则增加一个4m宽的裁剪,并给出两种方案:

方案1:用户长度固定,看能裁剪多少个用户长度来满足需求。

裁剪=用户宽/4

a=str(裁剪)

a1=a.split('.')

if int(a1[1])>0:

  裁剪=int(用户宽/4)+1

else:

  裁剪=int(用户宽/4)

print('方案1:裁剪长'+str(用户长)+'m,宽4m,共'+str(裁剪)+'条')

方案2:用户宽度固定,看能裁剪多少个用户宽度来满足需求。

裁剪=用户长/4

a=str(裁剪)

a1=a.split('.')

if int(a1[1])>0:

    裁剪=int(用户长/4)+1
else:
    裁剪=int(用户长/4)
print('方案2：裁剪长'+str(用户宽)+'m，宽4m，共'+str(裁剪)+'条')
根据选择的方案判断库存是否足够：
if 裁剪*用户长>库存长:
    print('库存不足')
    break
计算用户方案的价格和售卖平方米数：
print('裁剪地毯'+str(裁剪*用户宽)+'m, '+'共'+str(售卖平方米)+'m²')
print('价格：'+str(售卖价格)+'元')
库存长=库存长−裁剪*用户宽

创意实践

  请按照以下要求编写程序。不会的同学可参考本书"参考程序"中的示例程序。

  编写程序实现：

  （1）当前库存的地毯是宽为4m、长为40m，共2卷。进货价格是4000元/卷，零售价格是30元/平方米。

  （2）输入顾客需要的长和宽。

  （3）显示两种裁剪方案供客户选择。

  （4）显示销售价格、销售面积和库存。

  （5）程序能够重复使用，并显示最终的收入、盈利和库存。

思考延伸

你还想到哪些售卖时需要的功能？请尝试进行探索。

3.4 身体健康分析

学习探究

情景描述

我们每天都在摄入热量，也在消耗热量，当摄入热量远超消耗的热量时，人体就会发胖，而现在肥胖是影响身体健康的重要因素。如果人们了解自己每日摄入和消耗的热量，并通过BMI的计算提示身体的肥胖指数，就可以对自己的身体健康负责。

问题导入

要知道每日摄入的热量就需要知道每种食物的热量值，并计算出总热量值，提供热量摄入参考。

下面我们就来学习编写身体健康分析的程序。

知识储备

文件的写入：设置文件的模式是w，即写入模式，文件名是test.txt。

f = open('test.txt','w')

写到了缓存中，并未保存到文件：f.write('文件测试')。

关闭文件并保存到文件：f.close()。

参考程序如图3-7所示。

图 3-7

文件的追加写入信息（不替换）：设置文件的模式是a，即追加模式，文件名是test.txt。

f = open('test.txt','a')

参考程序如图3-8所示。

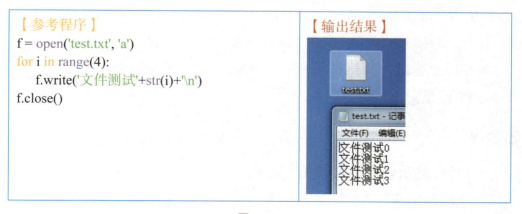

图 3-8

文件的只读模式：设置文件的模式是r，即只读模式。

f = open('test.txt','r')

参考程序如图3-9所示。

【参考程序】	【输出结果】
f=open('test.txt', 'r') x=f.read() print(x)	文件测试0 文件测试1 文件测试2 文件测试3

图 3-9

读取文件到列表：设置文件的模式是r，即只读模式。

f = open('test.txt','r')

读取全部内容到列表：x=f.readlines()。

参考程序如图3-10所示。

【参考程序】	【输出结果】
f=open('test.txt', 'r') x=f.readlines() print (x)	['文件测试0\n', '文件测试1\n', '文件测试2\n', '文件测试3\n',]

图 3-10

热量的单位是卡路里，简称卡。

身体BMI指数计算方法：体重（kg）除以身高（m）的平方。

根据中国标准BMI范围设定，18岁以上成年人的标准为：偏瘦（BMI<18.5）、正常体重（18.5≤BMI<24）、偏胖（24≤BMI<28）、肥胖：（BMI≥28）。

人体每日所需摄入的热量与性别、年龄、活动量、体重等有关，一般需要1500~3000卡路里。

基础程序

打开文件，显示最后一次测试的建议：

print('您的前次测试为：')

f=open('test.txt','r')

x=f.readlines()

print(x[len(x)-1])# 打印列表最后一个值

总热量的计算：

总热量=主食（/千克）*2000+肉类（/千克）*1200+豆乳制品（/千克）*500+蔬菜水果（/千克）*200+油炸食品（/千克）*3000

判断热量范围：

if 总热量>=1500 and 总热量<=3000:

...

elif 总热量>3000:

...

else:

...

BMI计算保留小数点后1位：

bmi=round(体重/身高/身高,1)

BMI范围：

if bmi>=18.5 and bmi<24:

...

elif bmi>=24 and bmi<28:

...

elif bmi>=28:

...

else:

...

保存当前时间和建议到文件：

t = time.localtime(time.time())

f = open('test.txt','a')

f.write('时间:'+str(t[0])+'年'+str(t[1])+'月'+str(t[2])+'日'+str(t[3])+'时'+str(t[4])+'分'+str(t[5])+'秒')

f.write('输入写入'+'\n')

f.close()

创意实践

请按照以下要求编写程序。不会的同学可参考本书"参考程序"中的示例程序。

编写程序实现：

（1）显示上一次保存文件中最后一次测试的建议数据。

（2）输入体重、身高、主食输入量、肉类输入量、豆乳制品输入量、蔬菜水果输入量、油炸食品输入量。

（3）计算总摄入量。

（4）计算BMI指数。

（5）根据数据给出合理化建议。

思考延伸

通过学习，你觉得还有哪些热量可以统计进来？增加一些合理的建议吧！

第 4 章　机器视觉

情景导入 >>>

在一个晴朗的午后，小明和朋友们聚在一起，玩起了绿线挑战小游戏。游戏的规则很简单：参与者需要站在一个摄像头前，摄像头会实时捕捉他们的动作，并通过机器视觉技术在画面中移动一条绿线，绿线移动过的位置都会定格出当前的画面。参与者需要在绿线经过时移动自己的身体，最终定格出一张奇特的照片。机器视觉让这个游戏充满了趣味和挑战性。

机器视觉技术可应用于游戏、摄影和购物等领域。它不仅能够为我们带来丰富的娱乐体验，还能够提高工作效率和生活质量。随着技术的不断进步，机器视觉将在更多领域展现出巨大的潜力和价值，在当前人工智能时代，机器视觉已经成为现代科技的重要组成部分。从生产线上的质量检测到自动驾驶汽车，再到医疗诊断，机器视觉的应用无处不在。

学习目标 >>>

本章我们将探究使用OpenCV（跨平台计算机视觉库）进行基本图像处理的方法，培养对视觉技术的兴趣和实际应用能力，激发对机器视觉技术的探索欲望。

4.1 OpenCV 显示图像

情景描述

在阳光明媚的午后,你坐在计算机前,准备使用OpenCV来展示一幅美丽的图画。首先,你打开了一个名为"YX.jpg"的图像文件,它展示了北京育英学校主楼"思明楼"的楼前景色,如图4-1所示。接下来你又打开了"YX1.jpg""YX2.jpg"……欣赏着北京育英学校的校园风景。

图 4-1

问题导入

你是否曾经遇到过这样的情况:当你从网络上下载了一张精美的图片,希望在计算机屏幕上完整地展示它,却发现图片的尺寸过大,导致无法完全显示。或者,你想预览一张图片,但由于图片格式的问题,无法直接在常用的图片查看器中打开。这时，你需要一款能够处理和显示各种格式图片的工具。OpenCV，作为计算机视觉领域的强大工具，不仅可以读取、处理和保存各种格式的图像，还能提供各种图像处理功能。

下面我们就来学习编写OpenCV来读取、显示和保存图像的程序。

知识储备

OpenCV使用Python 3.7环境，我们要在计算机里事先安装好OpenCV。可使用pip install opencv_Python命令安装，如果下载较慢，可以尝试使用国内的镜像源。

1. 读取图像函数cv2.imread()

命令格式：retval=cv2.imread(filename[,flags])。

retval是返回值，其值是读取的图像。

filename表示读取图像的完整文件名。

flags是读取标记。

2. 显示图像函数cv2.imshow(winname,mat)

命令格式：cv2.imshow(winname,mat)。

winname是窗口的名称。

mat是要显示的图像。

如new=cv2.imshow('lesson',lena)。

3. 等待按键函数cv2.waitKey()

命令格式：retval=cv2.waitKey([delay])。

retval 表示返回值，没有按键按下返回-1，有则返回按键的ASCII码。

delay表示等待键盘触发的时间，单位是ms。当该值是负数或0时，表示无限等待，默认是0。

如key=cv2.waitKey()。

4. 关闭所有窗口函数cv2.destroyAllWindows()

命令格式：cv2. destroyAllWindows()。

如cv2.destroyAllWindows()。

5. 关闭指定窗口函数destroyWindow(winname)

命令格式：cv2.destroyWindow(winname)。

winname是窗口的名称。

如cv2.destroyWindow('lesson')。

6. 直接获取所需的按键ASCII码函数ord()函数

命令格式：Key==ord()。

ord()可以直接获取所需要的按键ASCII码，可以用来与cv2.waitKey()获取的按键进行对比。

如key=cv2.waitKey()

　　key==ord('a')。

7. 图像尺寸修改函数 cv2.resize()

命令格式：interest=cv2.resize()。

例如：interest=cv2.resize(interest,(300,500))。interest是自定义的变量名称，300是自定义修改后的宽度，500是自定义修改后的高度。

基础程序

导入OpenCV函数库：import cv2 。

把文件YX.jpg赋值给变量lena。**注意**：图像要写扩展名。

如school=cv2.imread('YX.jpg')。

打印读取的图像数据：print(school) 。

显示图像，窗口名称为"lesson"：cv2.imshow('lesson',school)。

等待任意按键按下：cv2.waitKey()。

关闭所有窗口：cv2.destroyAllWindows() 。

按下a键显示一张图片：

if key==ord('a'):

　　cv2.imshow('Press a',school)

　　cv2.waitKey()

创意实践

请按照以下要求编写程序。不会的同学可参考本书"参考程序"中的示例程序。

编写程序实现：

（1）读取YX.jpg文件，并赋值给new。

（2）读取YX1.jpg文件，并赋值给new1。

（3）读取YX2.jpg文件，并赋值给new2。

（4）读取YX3.jpg文件，并赋值给new3。

（5）显示new中的图像，窗口名称为newwindow。

（6）1000ms后，显示new1中的图像，窗口名称为newwindow1。

（7）1000ms后，显示new2中的图像，窗口名称为newwindow2。

（8）1000ms后，显示new3中的图像，窗口名称为newwindow3。

（9）按键盘a键关闭newwindow窗口。

（10）按键盘b键关闭newwindow1窗口。

（11）按键盘c键关闭newwindow2窗口。

（12）按键盘d键关闭newwindow3窗口。

思考延伸

你能尝试打开更多格式的图片吗?为什么打开的图片大小都不一样呢?通过本节内容的学习,你能找到打开多个图片时大小能够统一的方法吗?

4.2 摄像头拍摄图像

情景描述

你有没有使用过计算机摄像头(见图4-2)拍摄过图像呢?首先我们得有一款能够捕捉到色彩丰富、细节清晰的图像网络摄像头,确保摄像头与计算机正确连接,并且驱动程序已正确安装。经过计算机程序的运行,我们会得到清晰、生动的图像。摄像头的拍摄可以用于各种实际场景,如视频监控、机器视觉、人机交互等。

图 4-2

问题导入

OpenCV作为一个强大的计算机视觉库,能够为我们提供强大的图像处理和分析功能。那么,如何利用OpenCV库实现从摄像头拍摄到图像处理的一系列操作呢？

下面我们就来学习编写摄像头拍摄图像的功能应用的程序。

知识储备

1. 保存图像函数cv2.imwrite()

命令格式：retval=cv2.imwrite(filename,img)。

retval是返回值。如果保存成功，则返回真（True）；如果保存不成功，则返回假（False）。

filename是要保存的目标文件的完整路径名，包含文件扩展名。

img是被保存图像的名称。

如retval=cv2.imwrite("result.jpg",s)。

2. 创建摄像头函数cv2.VideoCapture(0)

命令格式：capture = cv2.VideoCapture(0)。

创建一个VideoCapture对象，摄像头代号0为默认摄像头，笔记本电脑的内置摄像头一般为0，或者填写视频名称，直接加载本地视频文件。

3. 读取图像函数capture read()

命令格式：ret, frame = capture.read()。

返回两个参数并赋给两个值。第一个参数ret的值为True或False，代表是否读到图像；第二个参数是frame，是当前截取一张的图像。

4. 翻转图像函数cv2.flip()

命令格式：dst=cv2.flip(src,flipcode)。

例如：cv2.flip(frame, 1) 。其中，frame是要处理的图像，1是翻转类型。参数>0，沿x轴旋转；参数=0，沿y轴旋转；参数<0，同时沿x轴、y轴旋转。

5. 释放摄像头资源函数capture.release()

命令格式：capture.release()。

如：

import cv2

capture = cv2.VideoCapture(0)

capture.release()

基础程序

创建一个摄像头：capture = cv2.VideoCapture(0) 。

读取当前摄像头的一张图像：ret, frame = capture.read() 。

镜像翻转图像：frame = cv2.flip(frame, 1) 。

释放摄像头：capture.release() 。

创意实践

请按照以下要求编写程序。不会的同学可参考本书"参考程序"中的示例程序。

编写程序实现：

（1）按下b键，用摄像头拍摄一张图片并存储到当前文件夹，文件名为mycapture.jpg。

（2）拍摄图片后新建一个窗口，显示所拍摄的图片。

（3）按下q键关闭全部窗口，并释放摄像头。

思考延伸

每次拍摄图片都是同一个文件名，这样会发生什么？你有更好的解决办法吗？

4.3 二值汉字

 学习探究

情景描述

书房中,一排排书架上整齐地摆满了各种书籍。书页翻动的声音和窗外偶尔传来的鸟鸣声,让人感受到一份静谧与安宁。而在这份安宁中,一场别样的冒险正悄然进行。书桌上,一个由OpenCV驱动的计算机屏幕亮起,上面显示着一个个清晰而端正的汉字,如图4-3所示。这些汉字仿佛有了生命,它们在二维的世界里跳动、旋转、变化,仿佛在讲述一个个古老的故事。

图 4-3

问题导入

每个汉字都有其独特的笔画,在二值的平面里我们要写出这些笔画,确保我们生成的汉字能够被认识。

下面我们就来学习编写二值汉字的程序,也为进一步探索机器视觉打下基础。

知识储备

1.什么是二值图像

如图4-4所示,二值图像是指仅仅包含黑色和白色的图像,也就是我们平时所说的黑白照片。计算机是通过一个栅格状的矩阵来表示和处理图像的,就像

画一个二维的表格，每一个格是一个独立的位，称为像素点。黑色像素点处理为"0"，白色像素点处理为"1"。

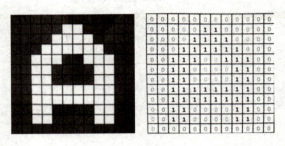

图 4-4

在OpenCV中的二值图像的数据类型是无符号的8位数，二进制的表示为11111111，通过二进制转换成十进制，我们可以得出数值为255，如图4-5所示。由于数据从0开始，所以一共有256个数（0～255），我们用数据来表示灰度，其中0表示黑色、255表示白色。

$$1*2^7+1*2^6+1*2^5+1*2^4+1*2^3+1*2^2+1*2^1+1*2^0=255$$
$$128+64+32+16+8+4+2+1=255$$

图 4-5

2. Numpy库中的zeros()

Numpy库中的zeros()可生成一个元素都是0的二维数组，用来模拟一个黑色的图像。

基础程序

为了减少输入量，我们可以把numpy缩写为np：import numpy as np。

建立8×8的二维数组：img=np.zeros((8,8),dtype=np.uint8)，uint8表示数据类型。

设定数组中的一个点为白色：img[0,3]=255。

设定数组中一行的所有点为白色：img[4,:]=255。

设定数组中一列的所有点为白色：img[:,4]=255。

设定数组中一个行、列形成的矩阵点为白色：img[0:5,0:7]=255。

设定数组中所有的点为白色：img[:,:]=255。

创意实践

请按照以下要求编写程序。不会的同学可参考本书"参考程序"中的示例程序。

编写程序实现：

（1）尝试显示一个符号，例如：A。

（2）尝试显示一个汉字，例如：王。

（3）尝试显示更多的汉字或符号。

（4）把以上内容同时显示出来。

思考延伸

有的汉字笔画太多，而二维数组的范围有限，该怎么处理呢？

4.4 二值贪吃蛇

情景描述

如图4-6所示,在一个黑白背景中,一只贪吃蛇正在快速移动。贪吃蛇是由一串黑色像素点组成的,每个像素点代表着它的一个部分。整个游戏界面被划分成一个一个的正方形格子,这些格子黑白相间,构成了蛇的移动路径。玩家通过控制贪吃蛇的移动方向,使其在格子间穿梭。每当贪吃蛇吃到食物时,它的身体会变长,同时分数也会增加。游戏过程中,贪吃蛇必须避开自身的身体,一旦撞到自己的身体,游戏结束。为了增加游戏难度,贪吃蛇的移动速度会随着分数的增加而逐渐加快。

图 4-6

问题导入

贪吃蛇在黑白的世界里,正在努力地寻找食物。但在这个简单的世界里,也隐藏着一些问题。当贪吃蛇吃到食物后,它似乎没有明显地变长,移动也似乎有些不连贯,有时会出现蛇身突然跳动的现象。

下面我们就来学习编写二值贪吃蛇的程序。在游戏中,首先,我们需要确保当贪吃蛇吃到食物后,它的身体能够正确地增长。其次,我们需要解决贪吃蛇移动不连贯的问题,确保蛇的移动更加平滑。

知识储备

1. 移动控制按键w、s、a、d

w表示前进、s表示后退、a表示左转、d表示右转。

2. 移动画面像素20×20

假设二维画布的像素是20×20，当img[20,20]时是报错的，因为参数值的正确范围是0~19，一共20个点，这也叫左闭右开。

在自己设定的范围内随机画一个点，这个点不能画在已有的线上，如果随机到已有的点就需要重新设定。

当键控贪吃蛇碰到随机点，得分+1，并且成为贪吃蛇的一部分。

当移动到边界时停止移动，防止报错。

当碰到自身时，全屏白色。

基础程序

设置画布初始尺寸变量：size=50。

设置画布：img=np.zeros((size,size),dtype=np.uint8)。

设置蛇的初始X坐标：x=5。

设置蛇的初始Y坐标：y=5。

设置蛇身的初始X列表：xx=[0]。

设置蛇身的初始Y列表：yy=[0]。

设置随机"豆"X坐标：ranx=0。

设置随机"豆"Y坐标：rany=0。

设置吃"豆"成功标志位：t=0。

设置得分标志位：s=0。

设置速度标志位，用于判读是否加速：speedx=0。

设置初始速度：speed=300。

设置初始速度等级：speedi=0。

设置初始行走方向：c=ord("d")。

设置按键按下标志位（没有按下按键返回-1）：close=ord("d")。

画边界外框：img[0,:]=255；img[:,0]=255；img[size-1,:]=255；

img[:,size-1]=255。

如果贪吃蛇吃到"豆",则通过列表增加自己的长度:img[x,y]=255;xx.append(x);yy.append(y)。

如果贪吃蛇没有吃到"豆",则按照先前的方向前进,列表增加前进坐标,删除最后的坐标:img[x,y]=255;xx.append(x);yy.append(y);img[xx[0],yy[0]]=0;xx.pop(0);yy.pop(0)。

满足吃4个"豆"加速,并打印当前速度:

```
if speedx==4:
    speedx=0
    if speed>0:
        speed=speed-50
        speedi=speedi+1
print('速度=',speedi)
```

碰到自己或者碰到边界,全屏白色并跳出循环:

```
if y>=size-1:
    img[:,:]=255
    break
if y<=0:
    img[:,:]=255
    break
if img[x,y]==255:
    img[:,:]=255
    break
```

基础方向:向右(d)y+1;向左(a)y-1;向上(w)x-1;向下(s)x+1。

创意实践

参照图4-7所示流程图,编写二值贪吃蛇的程序。不会的同学可参考本书"参考程序"中的示例程序。

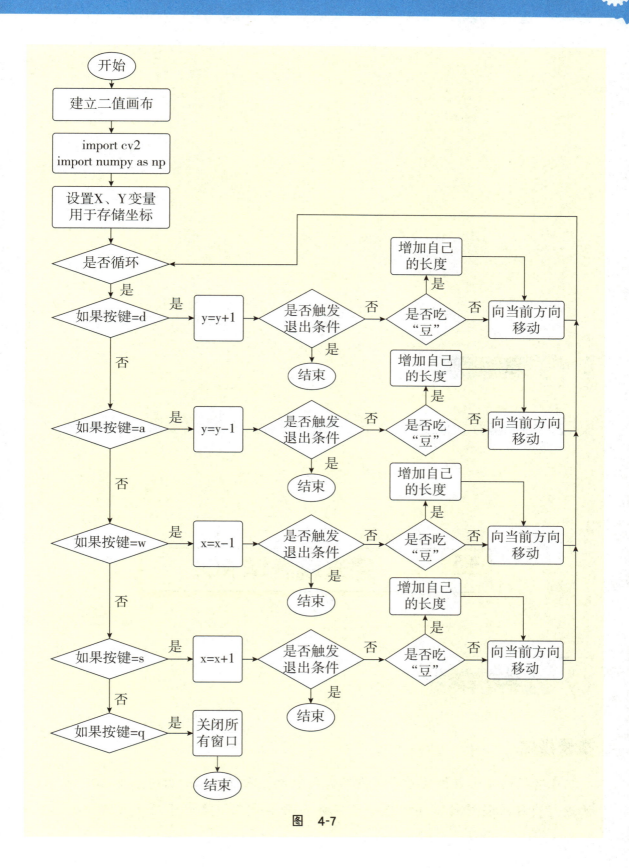

图 4-7

除了基础程序，你能使用图片给二值贪吃蛇游戏增加开始和结束的画面吗？

4.5 感兴趣区域 ROI

情景描述

在繁忙的交通监控场景中，我们需要快速、准确地识别出道路上的车辆，以便进行交通流量统计、违章检测等任务。而车辆在图像中可能只占据一小部分区域，因此，我们可以通过定义感兴趣区域（ROI）来提高处理效率，通过摄像头捕捉到车辆图像并单独显示出来。

问题导入

目前，在交通监控中，我们面临着一些挑战和问题。其中最关键的问题之一是如何快速、准确地捕捉到车辆图像。由于交通场景的复杂性，车辆在图像中可能只占据一小部分区域，这给传统的图像处理方法带来了很大的困难。传统的处理方法需要对整个图像进行处理，计算量大，处理速度慢，无法满足实时性的要求。此外，由于车辆的多样性和动态性，车辆的定位和识别也具有一定的难度。

下面我们就来学习编写通过设置ROI提取图片中的车辆及交通标识图像的程序。

知识储备

在图像处理和计算机视觉应用中，感兴趣区域（Region of Interest，简称ROI）是指图像中具有特定特征或目标的区域，这些区域对后续的处理和分析具有重要的意义。

例如：我们对图4-8中的五角星感兴趣，就可以用img[70:170,460:590]来表示。其中，70:170指的是行的像素范围，460:590指的是列的像素范围。

 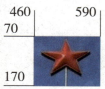

图 4-8

1. 图像放大函数 cv2.resize()

命令格式：Interest=cv2.resize()。

如：Interest=cv2.resize(interest,(300,500))。

interest是自定义的变量名称。

300是自定义修改后的宽度。

500是自定义修改后的高度。

2. 显示图像的尺寸函数height，width，channels。

命令格式：height, width, channels = img.shape。

height用来存储高度，width用来存储宽度，channels用来存储通道数量。

基础程序

打开一张交通监控场景的图片：img=cv2.imread("交通.jpg")。

裁剪范围内的图像（其中70:170是行的范围，460:590是列的范围）：interest=img[70:170,460:590]。

显示裁剪后的interest存储的图像，窗口名称为"Interest"：cv2.imshow("Interest",interest)。

创意实践

请按照以下要求编写程序。不会的同学可参考本书"参考程序"中的示例程序。

编写程序实现：显示读取的交通图像，然后提取图像中的车辆、交通标志，放大4倍车辆、交通标志并成比例地单独显示出来。

思考固定位置的ROI兴趣点的图像提取能解决什么样的问题，你能否增加兴趣点，并说出该兴趣点的意义？

4.6　立体特效

情景描述

人类之所以能够有立体感，是因为我们的双眼可以观察到物体的不同角度和位置，并且大脑能够综合处理这些视觉信息。具体来说，当我们的双眼同时观察一个物体时，每只眼睛从略微不同的角度观察物体，导致两眼之间的观察角度略有差异。这种差异被称为视差，是我们感知深度的关键线索。通过裁剪相同的画面进行排列，再通过眼睛眺望远方的方式使画面重合后产生立体效果。

问题导入

我们已经可以通过imread()读取一张如图4-9所示图片，想要把画面中感兴趣的部分形成立体效果，就需要对画面进行裁剪，并平铺成3张同样的画面来实现立体效果。

下面我们就来学习编写立体图像的程序。

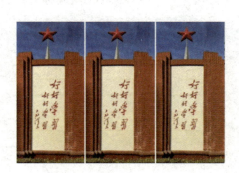

图　4-9

知识储备

把画面格式化：img=cv2.resize(img,(640,480))。

我们对图4-10中的题词进行立体效果制作，需要裁剪出中间感兴趣的部分，格式化后的画面宽为640、高为480，换算成二维列表为480行、640列，由于列表从0开始，所以画面的索引范围是行0~479、列0~639，中间部分的范围是行0~479、列213~426。

图 4-10

基础程序

格式化宽为640、高为480的图像：img=cv2.resize(img,(640,480))。

裁剪需要立体的图像：img_in=img[0:479,213:426]。

画一条白线：img[0:479,209:213]=255。

创意实践

请按照以下要求编写程序。不会的同学可参考本书"参考程序"中的示例程序。

编写程序实现：读取图像后显示原始画面和特效后的立体画面，尝试用看立体画的方法体验立体效果。

前面我们学习了用摄像头拍摄图像，请结合本节所学内容，思考如何实现视频的立体效果？

4.7 绿线挑战小游戏

情景描述

游戏开始，一条绿色的线条出现在屏幕左侧，随着绿线不断地向右移动，左侧的画面被一帧一帧地固定保留下来，最终绿线完全移动后，绿线的左侧形成了非常有意思的画面。

问题导入

要想实现绿线挑战画面，我们就需要了解画面的构成，在绿线移动的时候我们可以把画面分成3个部分，绿线左侧固定的画面、画面中的绿线、绿线右侧的实时画面。绿线是有像素宽度的，我们默认宽度为3个像素，通过每一帧的左侧+绿线+右侧的画面最终完成合成画面。

下面我们就来学习编写有意思的绿线挑战小游戏的程序。

知识储备

默认使用摄像头的分辨率是640×480。

建立一个彩色图像画布需要三维数组（高、宽、通道数）。

绘制直线cv2.line()：

img=cv2.line(img,pt1,pt2,color,thickness)。

img：绘图的容器，也称为画布、画板。

pt1：表示线段的第一个点（起点）。

pt2：表示线段的第二个点（终点）。

color：绘制形状的颜色，例如：（0，255，0）表示绿色。

thickness：线条的粗细。默认是1，如果设置为–1表示填充（实心）。

如：img=np.zeros((300,300,3),np.uint8)；img=cv2.line(img,(50,50), (200,200), (0,255,0),1)。

基础程序

建立合成画布：logo=np.zeros((480,640,3),np.uint8)*255。

建立左侧画布：left=np.zeros((480,640,3),np.uint8)*255。

建立右侧画布：right=np.zeros((480,640,3),np.uint8)*255。

如果绿线宽3，那么640宽的画面，从左到右循环637，否则溢出画面：for i in range(0,637)。

裁剪绿线左侧画面：left=frame[0:480,i]。

裁剪绿线右侧画面：right=frame[0:480,i+3:640]。

合成左侧画面：logo[0:480,i]=left。

合成右侧画面：logo[0:480,i+3:640]=right。

画一条绿线：logo=cv2.line(logo,(i+3,0),(i+3,480),(0,255,0),3)。

显示合成画面：cv2.imshow('logo',logo)。

读取最后一条图像，盖住最后移动完全的绿线：logo[0:480,637:640]=frame[0:480,637:640]。

存储合成图像：cv2.imwrite('save.jpg',logo)。

创意实践

请按照以下要求编写程序。不会的同学可参考本书"参考程序"中的示例程序。

编写程序实现:绿线宽度为3个像素,程序开始后,绿线从左侧开始移动,每移动一次都会固定其左侧的画面,右侧画面是实时的画面不受影响,绿线移动结束后显示最终合成的画面。

思考延伸

你能否尝试修改程序,实现绿线挑战从上开始向下移动?

第 5 章 人脸检测与识别

情景导入 >>>

周末,李女士来到了一家新型的无人超市,选择了自己需要的商品,然后将它们放在购物车里。在结账时,她无须排队等待,只需站在结账通道前,摄像头便会自动捕捉她的面部信息,并与之前她购物时留存的面部信息进行匹配。确认无误后,支付系统会自动完成扣款。整个过程无须人工干预,既方便又高效。

学习目标 >>>

在本章中,将学习如何使用OpenCV库来检测图像中的人脸。将了解不同的人脸检测算法,如Haar分类器、基于深度学习的方法等。通过实践项目,将学会如何调整参数和模型,以获得最佳的人脸检测效果。

5.1 人脸定位

情景描述

基于OpenCV的人脸定位在许多场景中都有着广泛的应用，比如安全监控、人机交互、智能机器人等。它能够自动检测和识别图像或视频中的人脸，并进行定位，这无疑给我们的生活和工作带来了很大的便利。

问题导入

利用OpenCV，我们可以方便地进行人脸定位。其中，基于Haar分类器的方法是OpenCV中常用的一种人脸检测方法。该方法通过训练大量的Haar特征分类器，对输入的图像进行分类，从而检测出人脸的位置和大小。这是一种常用的方法，但仍然存在许多需要改进的地方。未来，随着计算机视觉技术的不断发展，相信人脸定位技术也会越来越成熟和稳定。

下面我们就来学习编写使用计算机视觉技术来识别和定位图像或视频中的人脸，并框选出人脸在图像或视频中的位置的程序。

知识储备

1. Haar分类器

Haar分类器实际上是Boosting算法中的AdaBoost算法的一个应用，训练出的强分类器进行了级联，并且在底层的特征提取中采用了高效率的矩形特征和积分图方法，即：

Haar分类器 = Haar-like特征 + 积分图 + AdaBoost 算法 + 级联。

其中：

使用Haar-like特征做检测。

使用积分图（Integral Image）对Haar-like特征求值进行加速。

使用AdaBoost算法训练区分人脸和非人脸的强分类器。

使用筛选式级联把强分类器级联到一起，提高准确率。

OpenCV提供了人脸检测的XML文件"haarcascade_frontalface_default.xml"，这些文件可用于检测静止图像、视频和摄像头所得到图像中的人脸。使用faceCascade=cv2.CascadeClassifier('haarcascade_frontalface_default.xml')可以创建一个人脸的分类器。

2. 检测函数detectMultiScale()

命令格式：detectMultiScale(image[,scaleFactor[,minNeighbors[,flags[,minSize[,maxSize]]]]])。

image：要检测的输入图像。

scaleFactor：每一个图像尺度中的尺度参数，默认值为1.1。scaleFactor参数可以决定两个不同大小的窗口扫描之间有多大的跳跃，这个参数值设置得大，则意味着计算会变快，但如果窗口错过了某个人脸，则可能丢失物体。

minNeighbors：每一个级联矩形应保留的邻近个数，默认值为3。minNeighbors控制着误检测，默认值为3，表明至少有3次重叠检测，我们才认为人脸确实存在。

flags：对于新的分类器没有用，当前使用的Haar分类器都是旧版的。

minSize：目标的最小尺寸。

maxSize：目标的最大尺寸。

3. 绘制矩形函数cv2.rectangle()

OpenCV提供了cv2.rectangle()用来绘制矩形。

命令格式：img=cv2. rectangle(img,pt1,pt2,color,Thickness)。

img：绘图的容器，也称为画布、画板。

pt1：表示矩形左上角的顶点。

pt2：表示pt1的对角顶点。

color：绘制形状的颜色，如(0，255，0)表示绿色，颜色排列BGR(蓝色0，绿色255，红色0)。

如img=np.zeros((300,300,3),np.uint8)

　　img=cv2.line(img,(0,0),(300,300),(0,255,0),1)

thickness：线条的粗细。默认值是1，如果设置为–1表示填充（实心）。

基础程序

创建人脸分类器，注意文件haarcascade_frontalface_default.xml必须和程序放在同一个文件夹里：faceCascade=cv2.CascadeClassifier('haarcascade_frontalface_default.xml')。

图像转为灰度图：gray = cv2.cvtColor(image, cv2.COLOR_BGR2GRAY)。

使用检测函数detectMultiScale进行人脸的检测：faces=faceCascade.detectMultiScale(gray,scaleFactor=1.15,minNeighbors=5,minSize=(5,5))。

打印发现的人脸数量：print('发现'+str(len(faces))+'个人脸')。

提取人脸的位置和大小信息：for(x , y , w , h) in faces:print(x,y,w,h)。

根据已有的位置和大小信息绘制矩形，其中，左上角是检测人脸的坐标(x,y)，对角线顶点坐标是(x+人脸的宽度，y+人脸的高度)：cv2.rectangle(image, (x, y), (x + w, y + h), (255, 0, 0), 2)。

创意实践

请按照以下要求编写程序。不会的同学可参考本书"参考程序"中的示例程序。

编写程序实现：打开摄像头，在摄像头的可视范围内用红色的矩形框选识别到的人脸。

思考延伸

请尝试一下，当画面中有多个人脸出现时，能否只框选一个识别到的人脸，并且在这个人脸识别消失前不再框选其他的人脸？

5.2 人脸检测小游戏

学习探究

情景描述

如果在同一个摄像头里有两个及以上的人脸出现，计算机会按照算法顺序检测出相应的人脸，人脸检测小游戏是利用计算机检测的顺序，看看谁的脸最先被识别并在头顶上显示顺序号。

问题导入

人脸检测后能够显示全部的人脸位置和大小信息，但如何分辨出哪一个是被最先检测到的呢？这和人脸的检测难度、位置、光线等诸多因素有关，但计算机存储检测人脸的数组是有先后顺序的,我们只需要找到数组中的第一个数据就可以区分计算机检测的顺序,再将顺序号进行显示就可以完成游戏设计。

下面我们就来学习编写人脸检测小游戏的程序。

知识储备

1. 绘制圆形函数cv2.circle()

OpenCV提供了cv2.circle()用来绘制圆形。

命令格式:img=cv2.circle(img,center,radius,color,thickness)。

img:绘图的容器,也称为画布、画板。

center:表示圆心。

radius:表示半径。

color:绘制形状的颜色,例如:(0,255,0)表示绿色,颜色排列BGR(蓝色0,绿色255,红色0)。

thickness:线条的粗细。默认值是1,如果设置为-1表示填充(实心)。

如img=np.zeros((300,300,3),np.uint8)

　　img=cv2.circle(img,(150,150),100,(255,0,0),3)

2. 绘制文字函数putText()

OpenCV提供了putText()用来绘制文字(汉字不可用)。

命令格式:cv2.putText(img, text, org, fontFace, fontScale, color, thickness)。

img:文字的图像。

text:要绘制的文字。

org:文字在图像中的左下角坐标。

fontFace:字体,可选:FONT_HERSHEY_SIMPLEX、FONT_HERSHEY_PLAIN、FONT_HERSHEY_DUPLEX、FONT_HERSHEY_COMPLEX、FONT_HERSHEY_TRIPLEX、FONT_HERSHEY_COMPLEX_SMALL、FONT_HERSHEY_SCRIPT_SIMPLEX、orFONT_HERSHEY_SCRIPT_COMPLEX。以上所有类型都可以配合FONT_HERSHEY_ITALIC使用,产生斜体效果。

fontScale:字体大小,该值和基础大小相乘就得到字体大小。

color:文字颜色,例如:(0,255,0)表示绿色,颜色排列BGR(蓝色0,绿色255，红色0）。

thickness：字体线条宽度。

基础程序

设置字体：font = cv2.FONT_HERSHEY_SIMPLEX。

根据检测到的人脸位置和大小在人脸的上方画实心圆，中心点的坐标为当前人脸的X坐标+人脸宽度的一半、Y坐标−人脸高度的一半，圆心坐标点、半径必须为整数：cv2.circle(frame,center=(x+w//2,y−h//2),radius=h//8,color=[0,255,255],thickness=−1)。

根据检测到的人脸位置和大小在画实心圆的中间写序号，根据实心圆的大小计算数字中心位置：cv2.putText(frame,str(sn),(x+w//2−h//12,y−h//2+h//12),font,h/120,(255,0,0),2)。

创意实践

请按照以下要求编写程序。不会的同学可参考本书"参考程序"中的示例程序。

编写程序实现：红色矩形框选检测到的人脸，根据计算机找到人脸的顺序，在人脸头部上方画一个黄色底色、蓝色序号数字的标识，标识要随着屏幕中人脸的大小变化成比例地进行缩放。

思考一下影响人脸检测先后顺序的因素有哪些？

5.3 人脸贴图

情景描述

通过前面所学内容，我们知道了检测到人脸有先后顺序。我们再做一个小游戏：第一个被检测到的人脸被贴图为笑脸图片，第二个及后面被检测到的人脸被贴图为失望脸图片。

问题导入

在本节，我们将使用PIL（Python Image Library，图像处理库）进行图像处理。首先要判断出哪个人脸是第一个被检测出来的，可以使用遍历的方式，第一个被遍历到的人脸就是最先被检测出来的。由于OpenCV的颜色是以BGR形式存储的，在OpenCV中贴入是不能显示透明效果的，这就要考虑使用PIL进行透明贴图。而PIL的颜色格式是RGB形式存储，这就需要一系列的转换、贴图、合成等操作，流程如图5-1所示。

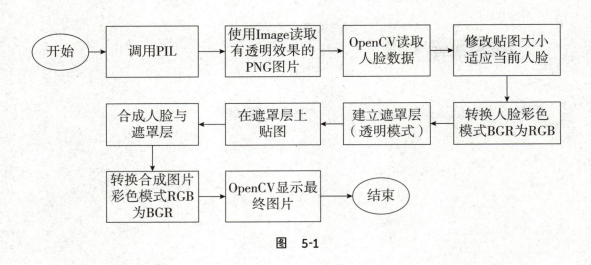

图 5-1

下面我们就来学习编写人脸贴图的程序。

知识储备

调用PIL的Image函数：from PIL import Image。

使用PIL读取图像：face=Image.open('face1.png')。

设置图像为透明模式：face=face.convert("RGBA")。

修改图像大小face_resize=face.resize((w,h))。其中w、h必须为整数。

OpenCV和PIL中颜色的储存顺序不同，OpenCV中颜色顺序为BGR，PIL中颜色顺序为RGB，可以使用cvtColor()进行转换。

BGR转RGB：cv2.cvtColor(frame, cv2.COLOR_BGR2RGB)。其中，frame是图像的名称。

RGB转BGR：首先使用np.array()把RGB图像转为数组，然后使用cv2.cvtColor(frame, cv2.COLOR_RGB2BGR)，其中，frame是图像的名称；将数组转化成图像Image.fromarray(np.uint8(img))。

OpenCV中的图像都是以数组形式存在的，因此在PIL中与图片进行合成需要将数组转化成图像。

Image.new()建立遮罩层：Image.new(mode, size, color=0)。

mode：模式，通常用RGB这种模式，透明模式为RGBA。

size：生成图像的大小。

color：生成图像的颜色，默认值为0，即黑色。

RGB有3个参数(R、G、B)，RGBA有4个参数(R、G、B、透明度)，透明度越高越不透明，值为255时完全不透明。

创建合成图像Image.composite()，Image.composite(image1, image2, mask)，两张合成的图像必须具有相同的模式和大小。

基础程序

调用PIL函数：from PIL import Image。

PIL模式的读取图像：face1=Image.open('face1.png')。

BGR转RGB：cv2img = cv2.cvtColor(frame, cv2.COLOR_BGR2RGB)。

将数组转化成图像：pilimg = Image.fromarray(cv2img)。

建立与摄像头尺寸相同的遮罩层：layer = Image.new("RGBA",pilimg.size,(0,0,0,0))。

贴图：layer.paste(face_resize1,(x,y))。

合成图层：out = Image.composite(layer,pilimg,layer)。

RGB转BGR：frame = cv2.cvtColor(np.array(out), cv2.COLOR_RGB2BGR)。

创意实践

请按照以下要求编写程序。不会的同学可参考本书"参考程序"中的示例程序。

编写程序实现：根据计算机找到人脸的顺序，在人脸位置进行表情贴图，最先被检测到的人脸贴图笑脸，其余人脸贴图失望脸。贴图要随着屏幕中人脸的大小变化成比例地进行缩放。

多设置一些表情图片，按照被检测的顺序依次显示。

5.4 人脸闯关小游戏

情景描述

游戏开始时，摄像头显示的画面中出现一条通道，玩家人脸的中心点位置会呈现一个红点，随着自己头部的移动，红点也随之移动。当碰到通道壁时任务失败，当通过通道达到终点时任务成功计1分，此时红点必须退回到左侧初始位置，才能再次到达终点计分。

问题导入

人脸的大小会影响游戏效果，需要使用检测命令限制检测人脸的最大和最小值。当人脸适合游戏时，在人脸的中心点上显示一个红点，红点随着人脸进行移动，通道上下用绿色线条封闭。当红点位置达到绿线位置时游戏退出，通道左右各画一条蓝色的线；当人脸到达右侧终点蓝线时计1分，绿色指示点变成红色。只有到达左侧蓝线时，红点变绿点，可以再次计分。

下面我们就来学习编写人脸闯关小游戏的程序。

知识储备

检测函数detectMultiScale的minSize(),maxSize()。

minSize()：检测人脸的最小范围。

maxSize()：检测人脸的最大范围。

基础程序

设置通道：

通道绿色上壁：frame=cv2.line(frame,(150,200),(500,200),(0,255,0),10)。

通道绿色下壁：frame=cv2.line(frame,(150,300),(500,300),(0,255,0),10)。

通道蓝色起始壁：frame=cv2.line(frame,(150,200),(150,300),(255,0,0),10)。

设置通道蓝色终点壁：frame=cv2.line(frame,(500,200),(500,300),(255,0,0),10)。

设置检测人脸的大小，按照1.1尺度检查人脸比例，周围最小像素为5，最大、最小检测人脸（230,230）：face_zone = face_detect.detectMultiScale(gray, scaleFactor = 1.1, minNeighbors = 5,minSize=(230,230),maxSize=(230,230))。

画人脸中心点的红点，当满足人脸检测条件时显示红点，不满足检测条件不显示红点:cv2.circle(frame,center=(x+w//2,y+h//2),radius=h//50,color=[0,0,255],thickness=-1。

在屏幕右上角显示相关信息：cv2.putText(frame,'success'+str(con),(460,50),font,0.8,(0,255,255),2)。

在屏幕右上角显示状态图形:cv2.circle(frame,center=(450,45),radius=8,color=[0,0,255],thickness=-1); cv2.circle(frame,center=(450,45),radius=8,color=[0,255,0],thickness=-1)。

显示白屏：frame[:,:]=255。

请按照以下要求编写程序。不会的同学可参考本书"参考程序"中的示例程序。

编写程序实现：启动摄像头后在屏幕的中间画一个通道，上下为绿色，左右为蓝色，检测的人脸要限制大小。当检测满足要求时，在人脸中心点显示小红点，当小红点碰到右壁时计分+1，画面右上角绿色的指示圆形变成红色。只有当小红点移动到左壁时，右上角红色指示圆变成绿色，此时才可以再次计分。当中心小红点到达上下通道壁时，显示白屏，游戏结束。

思考延伸

如何设置多个关卡，阶梯提高游戏难度？

5.5 采集人脸数据

情景描述

在人脸识别前通常都会先采集人脸的数据，采集数据越多，识别就越准确，但占用的存储空间也就越多。通常，采集的人脸数据都需要进行裁剪、灰度处理，大量的图像人工处理起来会非常困难。

问题导入

我们知道在人脸检测前是需要把彩色图像进行灰度处理，处理后的图像才能实现使用Haar分类器进行人脸检测，检测后会形成一个存储人脸的位置、大小的数组通过这些数据，我们就可以直接对图像中的ROI进行裁剪，然后将裁剪后的图像按照一定的规则命名后存入指定的文件夹里。命名包含标识名称、用户输入的ID、第几张图片等信息。

下面我们就来学习编写采集人脸数据的程序。

知识储备

裁剪需要的人脸图像可以通过检测后的位置信息（x,y）、大小（w,h）框选区域，如gray[y:y + h, x:x + w]。

写入到指定文件夹，指定文件夹要在写入前建好，如cv2.imwrite(filepath,image)。

其中，filepath是保存图像的完整路径，包含文件夹路径和文件名；image是要保存的图像。如cv2.imwrite('c:\windows\image.jpg',img)。

基础程序

设置输入ID：id = input('enter your id: ')。

计算人脸采集数量：sampleNum = sampleNum + 1。

在图像中显示当前采集人脸的序号：cv2.putText(img, 'No:'+str(sample Num), (x, y–10), font, w/150, (0, 0, 255), 3)。

合成文件路径保存图像：cv2.imwrite("dataSet/User." + str(id) + '.' + str(sampleNum) + ".jpg", gray[y:y + h, x:x + w])。

创意实践

请按照以下要求编写程序。不会的同学可以参考本书"参考程序"中的示例程序。

编写程序实现：启动摄像头后检测图像中的人脸，并框选出大于（200，200）的人脸。在文件夹dataSet中按照user+ID+number的规则存储裁剪后的人脸数据，共存储20张图像。在采集数据时，检测框上方显示当前采集序号。

思考一下如果采集多张人脸数据，该怎么实现呢？你能修改程序完成至少3个不同人脸的采集吗？

5.6 人脸训练

情景描述

在上一节中我们已经采集了一些人脸图像数据，有了这些数据我们就可以开始进行人脸训练了。人脸训练是一个复杂的机器学习任务，涉及特征提取、模型选择等多个领域的知识。在实际应用中，我们需要选择合适的特征提取方法和模型，以实现高效的人脸识别。

问题导入

在人脸识别的过程中，人脸训练是至关重要的一步。它涉及如何从大量的人脸图像中提取出有用的特征，并构建出一个高效的人脸识别模型。那么，如何进行人脸训练呢？本节将使用LBPH（Local Binary Patterns Histograms，局部二值模式直方图）算法来训练模型。该算法能够从人脸图像中提取出特征向量，并构建出一个人脸特征空间。训练完成后，会生成训练模型，有了训练好的模型就可以为后续的人脸识别做好准备。

下面我们就来学习编写人脸训练的程序。

知识储备

LBPH：建立在LBPH基础之上的人脸识别法，其基本思想是，首先以每个像素为中心，判断与周围像素灰度值大小关系，对其进行二进制编码，从而获得整幅图像的LBP编码图像；再将LBP图像分为多个区域，获取每个区域的LBP编码直方图，继而得到整幅图像的LBP编码直方图，通过比较不同人脸图像的LBP编码直方图达到人脸识别的目的。其优点是不会受到光照、缩放、旋转和平移的影响。

需要安装函数opencv-contrib-python：pip install opencv-contrib-python。

生成LBPH识别器函数：cv2.face.LBPHFaceRecognizer_create()。

训练函数：cv2.face_FaceRecognizer.train(src, labels)。

src：训练图像，用来学习人脸图像。

labels：标签，人脸图像所对应的标签。

生成训练模型：cv2.face_FaceRecognizer.save()。

读取文件名到列表：os.listdir(path)。

路径拼接函数：os.path.join(path,*path)。

path：位置参数。

*path：拼接参数。

通过图片路径将读入的图片转换为灰度图：image = Image.open(image_path).convert('L')。

灰度图转换成Numpy数组：image_np = np.array(image,'uint8')。

文件路径分割函数os.path.split()可以将一个完整的文件路径分割成目录和文件名两部分。

基础程序

导入os库，用于文件处理：import os。

创建识别器：recognizer = cv2.face.LBPHFaceRecognizer_create()。

获取文件名形成列表：image_paths=os.listdir(path)。

遍尽文件名与路径连接：

  for i in image_paths:

    image_paths[c]=os.path.join(path,i)

    c=c+1

通过图片路径并将其转换为灰度图片：image = Image.open(image_path).convert('L')。

将图片转换成Numpy数组：image_np = np.array(image, 'uint8')。

判断文件是否是jpg文件，如果不是则continue:if os.path.split(image_path)[-1].split(".")[-1] != 'jpg':continue。

获取文件名中的ID信息：image_id = int(os.path.split(image_path)[-1]. split(".")[1])。

添加人脸图片数据：face_samples.append(image_np[y:y + h, x:x + w])。

添加ID：ids.append(image_id)。

训练数据：recognizer.train(faces, np.array(ids))。

生成训练数据模型：recognizer.save('trainer.yml')。

创意实践

请按照以下要求编写程序。不会的同学可参考本书"参考程序"中的示例程序。

编写程序实现：生成人脸训练模型，模型文件名为"trainer.yml"。

思考一下如果文件夹中有多个人脸数据，生成的训练文件可用吗？

5.7 人脸识别

情景描述

　　有了训练好的人脸数据模型，就可以进行人脸识别了。将待识别人脸图像输入到已经训练好的模型中，系统会自动与特征空间中的已知人脸进行比对。如果匹配成功，系统会输出相应的识别结果。同时，我们还需要考虑如何处理各种复杂的情况，如光照变化、面部朝向、遮挡物等，以提高人脸识别的准确率和鲁棒性。

问题导入

　　通过使用训练好的数据模型，我们将用LBPH算法提取训练好的数据与当前Haar分类器检测到的人脸进行比对，LBPH算法函数会反馈识别结果的标签lable和置信度评分confidence。其中，confidence是用来衡量识别结果与原有模型之间的距离，0代表完全匹配，数据越大则差别越大，通常认为50是可以接受的置信度。

下面我们就来学习编写高阶的人脸识别的程序。

知识储备

获得较理想的人脸识别效果的处理流程如图5-2所示。

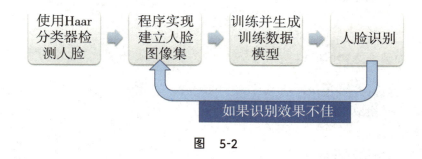

图 5-2

读取训练数据模型：recognizer.read()。

训练好的yml文件，要和Python程序放在同一个文件夹内。

人脸识别函数cv2.face_FaceRecognizer.predict()，该函数有返回的识别结果标签和置信度评分两个值：label, confidence = cv2.face_FaceRecognizer.predict(src)。

label：表示返回的识别结果标签。

confidence：返回的置信度评分，0代表完全匹配，数据越大则差别越大，通常认为50是可以接受的置信度。

src：表示需要识别的人脸图像。

基础程序

读取训练数据模型文件"trainer.yml"：recognizer.read('trainer.yml')。

判断当前人脸与训练数据模型的相似度返回的识别结果标签和置信度评分：label, confidence = recognizer.predict(gray[y:y + h, x:x + w])。

根据置信度评分设置人脸名称：if confidence <=50:if Label == 1: img_id = 'teacher'。

显示人脸的名称：cv2.putText(im, str(img_id), (x+2, y+h-2), font, 0.55, (0, 255, 0), 1)。

创意实践

请按照图5-3所示的流程图编写人脸识别的程序。不会的同学可参考本书"参考程序"中的示例程序。

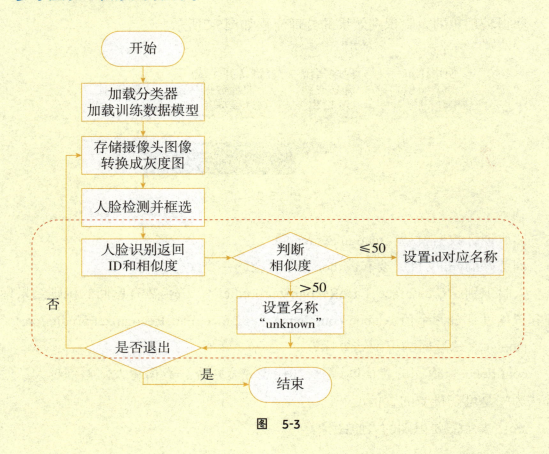

图 5-3

 **思考延伸**

　　如果识别结果不好，可以对人脸采集、训练、置信度进行调整，以增强识别效果。

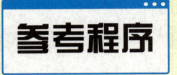

第1章

【1.1 创意实践】示例程序

name=input ('你叫什么名字？')

print('你好'+name+'，你多大了？')

answer=int(input())

answer=answer+3

print('我比你大3岁，我今年'+str(answer)+'岁了'+'。你喜欢音乐吗？')

word=input()

if word=='喜欢。':

    print('我也喜欢音乐，我最喜欢的一首歌是《我和我的祖国》。你喜欢什么呢？')

    like=input()

    print(like+'太棒了，和你聊天真愉快，咱们下次再见！')

elif word=='不喜欢。':

    print('你喜欢什么呢？')

    like=input()

    print(like+'太棒了，和你聊天真愉快，咱们下次再见！')

else:

    print('虽然我不理解'+word+'，但和你聊天真愉快，咱们下次再见！')

【1.2 创意实践】示例程序

```python
import random
n='y'
主语=['我','你','计算机','仓鼠','哪吒','孙悟空']
谓语=['佩服','吃','喜欢','讨厌','害怕','相信']
宾语=['学生','老师','战斗机','未来','朋友','木头']
while True:
    if n=='y':
        print(主语[random.randint(0,5)]+谓语[random.randint(0,5)]+宾语[random.randint(0,5)])
        print('')
        n=input('是否继续造句(y/n)')
    elif n=='n':
        print('下次再见')
        break
    else:
        n=input('输入错误！请重新输入')
```

【1.3 创意实践】示例程序

```python
import random
n='y'
k='y'
主语=[]
谓语=[]
宾语=[]
while(True):
    n=input('请输入主语，结束输入请输入n：')
    if n!='n':
        主语.append(n)
    else:
```

```python
            print(主语)
            break
while True:
    n=input('请输入谓语，结束输入请输入n: ')
    if n!='n':
        谓语.append(n)
    else:
        print(谓语)
        break
while True:
    n=input('请输入宾语，结束输入请输入n: ')
    if n!='n':
        宾语.append(n)
    else:
        print(宾语)
        break
print('您输入的主语是:',end='')
print(主语)
print('您输入的谓语是:',end='')
print(谓语)
print('您输入的宾语是:',end='')
print(宾语)
print('故事生成如下: ')
while True:
    if k=='y':
        print('从前'+主语[random.randint(0,len(主语)-1)]+谓语[random.randint(0,len(谓语)-1)]+宾语[random.randint(0,len(宾语)-1)]+'，突然有一天我们发现'+主语[random.randint(0,len(主语)-1)]+谓语[random.randint(0,len(谓语)-1)]+宾语[random.randint(0,len(宾语)-1)]+'! ')
```

```
        k=input('是否让机器人再讲一个故事(y/n)')
    elif k=='n':
        print('下次再见')
        break
    else:
        k=input('输入错误！请重新输入(y/n)')
```

第2章

【2.1 创意实践】示例程序

程序实现1

print('小明帮妈妈去买5瓶牛奶，妈妈给了20元，超市牛奶3元/瓶。')

牛奶瓶数=5

牛奶单价=3

总钱数=20

print('小明一共花了',牛奶瓶数*牛奶单价,'元')

print('找回',总钱数-牛奶瓶数*牛奶单价,'元')

程序实现2

print('小明帮妈妈去买5瓶牛奶，妈妈给了20元，超市牛奶3元/瓶。')

牛奶瓶数=5

牛奶单价=3

总钱数=20

print('超市牛奶特价买2送1,用特价前买5瓶牛奶的钱特价时能买',牛奶瓶数+牛奶瓶数//2,'瓶')

程序实现3

print('小明帮妈妈去买5瓶牛奶，妈妈给了20元，超市牛奶3元/瓶。')

牛奶瓶数=5

牛奶单价=3

总钱数=20

print('超市活动满5元减2元,小明用活动前买5瓶牛奶的钱能实际买',((牛奶瓶数*牛

奶单价)+(牛奶瓶数*牛奶单价)//5*2)//牛奶单价,'瓶牛奶')

程序实现4

print('小明帮妈妈去买5瓶牛奶，妈妈给了20元，超市牛奶3元/瓶。')

牛奶瓶数=5

牛奶单价=3

总钱数=20

print('超市大促销满5元减2元，牛奶特价买2送1，小明最多能买',((总钱数+(总钱数//牛奶单价)*牛奶单价//5*2))//牛奶单价)//2+((总钱数+(总钱数//牛奶单价)*牛奶单价//5*2//牛奶单价),'瓶牛奶')

程序实现5

print('超市打折计算器')

牛奶瓶数=int(input('请输入需要购买的牛奶数量：'))

牛奶单价=float(input('请输入牛奶单价：'))

总钱数=float(input('请输购买金额：'))

实际购买金额=牛奶瓶数*牛奶单价

if 实际购买金额>总钱数：

  print('带的钱不够，无法购买')

else:

  print('小明一共花了',牛奶瓶数*牛奶单价,'元')

  print('找回', round(总钱数-牛奶瓶数*牛奶单价, 2), '元')

  print('超市牛奶特价买2送1，用买'+str(牛奶瓶数)+'瓶牛奶的钱能买', 牛奶瓶数+牛奶瓶数//2,'瓶',)

  print('超市活动满5元减2元，小明用买'+str(牛奶瓶数)+'瓶牛奶的钱能实际买', int(((牛奶瓶数*牛奶单价)+(牛奶瓶数*牛奶单价)//5*2)//牛奶单价), '瓶')

  print('超市大促销满5元减2元，牛奶特价买2送1，小明用'+str(总钱数)+'元最多能买', int(((总钱数+(总钱数//牛奶单价)*牛奶单价//5*2)//牛奶单价)//2+((总钱数+(总钱数//牛奶单价)*牛奶单价//5*2)//牛奶单价)), '瓶牛奶')

【2.2 创意实践】示例程序

```
print('外卖订单')
菜单={'鱼香肉丝：价格20元':20,'宫保鸡丁：价格22元':22,'木须肉：价格18元':18}
价格=菜单.values()
价格=list(价格)
平台费率=float(input('请输入平台费率(例如2%输入0.02)：'))
配送费=int(input('请输入外卖配送员费用：'))
a=1
for i in 菜单.keys():
    print(a,end='.')
    a=a+1
    print(i,end='  ')
print()
序号=int(input('请输入菜品的序号：'))
while 序号>len(菜单.keys()):
    序号=int(input('输入错误！请重新输入菜品的序号：'))
数量=int(input('请输入购买数量：'))
支付费用=数量*价格[序号-1]
print('支付费用为',支付费用,'元')
print('外卖平台费用','%.2f'%(支付费用*平台费率),'元')
print('外卖配送员费用',配送费,'元')
print('订单收入','%.2f'%(支付费用-(支付费用*平台费率+配送费)),'元')
```

【2.3 创意实践】示例程序

```
print('人均分摊消费计算器')
总费用=float(input('请输入总费用(元)：'))
总费用_str=str(总费用)
总费用_list=总费用_str.split('.')
while 总费用<0 or len(总费用_list[1])>2):
```

```
    总费用=float(input('输入错误！请输入总费用(元)：'))
    总费用_str=str(总费用)
    总费用_list=总费用_str.split('.')
人数=int(input('请输入需要均摊的人数(人)：'))
打折=float(input('请输入打折费率，例如3%输入0.03,不打折输入0：'))
小费=float(input('请输入小费费用，没有输入0：'))
实际费用=round(总费用*(1-打折)-小费,2)
人均费用=round(实际费用/人数,2)
if  人均费用*人数==实际费用:
    print('实际支付费用'+str(实际费用)+'元')
    print('人均费用'+str(人均费用)+'元')
else:
    print('实际支付费用'+str(实际费用)+'元')
    print('人均费用'+str(人均费用)+'元')
    if  实际费用>人均费用*人数:
        print('实际费用比人均费用总和多，需要补交'+str(round(实际费用-人均费用*人数,2))+'元')
    else:
        print('人均费用总和比实际费用多，剩余'+str(round(人均费用*人数-实际费用,2))+'元')
```

【2.4 创意实践】示例程序

```
print('楼房共4层，每层4户，每户面积完全相同，房屋内的长为6.3m，宽为5.4m，公共楼道长为25.92m、宽为2m，外墙体厚度为0.24m，每户间的分隔墙厚度为0.24m，没有电梯和阳台。')
房屋面积=6.3*5.4
楼道面积=25.92*2
套用墙体面积=(6.3*0.12+5.4*0.12)*2
套内建筑面积=round(房屋面积+墙体面积,2)
公摊系数=楼道面积/(套内建筑面积*4)
```

公摊面积=round(公摊系数*套内建筑面积,2)

建筑面积=round(公摊面积+套内建筑面积,2)

print('房屋公摊面积为'+str(公摊面积)+'m²')

print('房屋建筑面积为'+str(建筑面积)+'m²')

print('房屋套内建筑面积为'+str(套内建筑面积)+'m²')

print('房屋使用面积为'+str(使用面积)+'m²')

print('整栋楼的公摊面积为'+str(公摊面积*4*4)+'m²')

【2.5 创意实践】示例程序

```
print('温度转换计算器')
a='1'
while a=='1':
    x=input('请选择转换模式：输入1(华氏温度转摄氏温度)，输入2(摄氏温度转华氏温度)')
    if x=='1':
        华氏温度=float(input('请输入华氏温度数值'))
        摄氏温度=round((华氏温度-32)/1.8,2)
        print(str(华氏温度)+'°F'+'='+str(摄氏温度)+'℃')
        a=input('是否继续转换？输入1(继续)，输入其他(结束)')
    elif x=='2':
        摄氏温度=float(input('请输入摄氏温度数值'))
        华氏温度=round(摄氏温度*1.8+32,2)
        print(str(摄氏温度)+'℃'+'='+str(华氏)+'°F')
        a=input('是否继续转换？输入1(继续)，输入其他(结束)')
    else:
        print('输入错误！重新输入！')
print('欢迎再次使用温度转换计算器，再见')
```

第3章

【3.1 创意实践】示例程序

```python
import random
print("三局两胜猜拳,看看你能不能赢了计算机?")
i = 1
n = 1
胜利 = 0
失败 = 0
猜拳 = ["石头", "剪刀", "布"]
while i <= 3:
    print("")
    print("第", n, "次猜拳")
    x = input("请输入"石头、剪刀、布"中的一种手势:")
    n = n + 1
    机器 = 猜拳[random.randint(0, 2)]
    print("机器出拳: " + 机器)
    if x == 机器:
        print("平局  当前对局结果胜利数: " + str(胜利), "失败数: " + str(失败))
    elif x == "石头":
        if 机器 == "剪刀":
            胜利 = 胜利 + 1
            print("胜利  当前对局结果胜利数: " + str(胜利), "失败数: " + str(失败))
        else:
            失败 = 失败 + 1
            print("失败  当前对局结果胜利数: " + str(胜利), "失败数: " + str(失败))
    elif x == "剪刀":
        if 机器 == "布":
            胜利 = 胜利 + 1
```

```
            print("胜利  当前对局结果胜利数：" + str(胜利),"失败数：" + str(失败))
        else:
            失败 = 失败 + 1
            print("失败  当前对局结果胜利数：" + str(胜利),"失败数：" + str(失败))
    elif x == "布":
        if 机器 == "石头":
            胜利 = 胜利 + 1
            print("胜利  当前对局结果胜利数：" + str(胜利),"失败数：" + str(失败))
        else:
            失败 = 失败 + 1
            print("失败  当前对局结果胜利数：" + str(胜利),"失败数：" + str(失败))
    else:
        print("你要赖了，输入错误，输一局")
        失败 = 失败 + 1
        print("失败  当前对局结果胜利数：" + str(胜利),"失败数：" + str(失败))
    i = i + 1
if 胜利 > 失败:
    print("你赢了")
elif 胜利 == 失败:
    print("平局")
else:
    print("你输了")
input("游戏结束")
```

【3.2 创意实践】示例程序

```
import time
def 打印(提示信息):
    t = time.localtime(time.time())
    print(提示信息)
    print("时间：" + str(t[0]) + "年" + str(t[1]) + "月" + str(t[2]) +
```

"日" + str(t[3]) + "时" + str(t[4]) + "分" + str(t[5]) + "秒")

打印("密码登录程序")

k = 0

while k == 0:
    for i in range(3):
        name = input("用户名: ")
        passwd = input("密码: ")
        if name == "yuying":
            if passwd == "biancheng":
                k = 1
                break
            else:
                打印("密码错误，您还剩余" + str(2 - i) + "次机会")
        else:
            打印("用户名不存在，您还剩余" + str(2 - i) + "次机会")
    else:
        打印("登录次数超过三次，请稍后登录")
        for i in range(3, 0, -1):
            print("倒计时", i)
            time.sleep(1)

打印("登录成功")

【3.3 创意实践】示例程序

print("小方地毯售卖")

库存宽 = 4

库存长 = 80

进货价格 = 8000

单价 = 30

```
def 计算裁剪(用户尺寸):
    裁剪 = 用户尺寸 / 4
    a = str(裁剪)
    a1 = a.split(".")
    if int(a1[1]) > 0:
        return int(裁剪) + 1
    else:
        return int(裁剪)


while True:
    print("当前库存数量长度", 库存长)
    用户长 = float(input("输入使用长度："))
    用户宽 = float(input("输入使用宽度："))
    裁剪1 = 计算裁剪(用户宽)
    print("方案1：裁剪长", 用户长, "m，宽 4 m，共", 裁剪1, "条")
    裁剪2 = 计算裁剪(用户长)
    print("方案2：裁剪长", 用户宽, "m，宽 4 m，共", 裁剪2, "条")
    while True:
        方案 = input("请输入方案的序号：")
        if 方案 == "1":
            总裁剪长度 = 裁剪1 * 用户长
        elif 方案 == "2":
            总裁剪长度 = 裁剪2 * 用户宽
        else:
            print("输入错误，请重新输入")
            continue
        if 总裁剪长度 > 库存长:
            print("库存不足")
            break
```

```
        else:
            售卖平方米 = 4 * 总裁剪长度
            售卖价格 = 售卖平方米 * 单价
            print("裁剪地毯", 总裁剪长度, "m, 共", 售卖平方米, "m²")
            print("价格: " + str(round(售卖价格, 2)), "元")
            库存长 -= 总裁剪长度
            break
    x = input("输入 q 退出系统, 其他按键继续使用: ")
    if x == "q":
        break
销售金额 = (80 - 库存长) * 30
盈利 = 销售金额 - (80 - 库存长) * (进货价格 / 320)
print("收入: " + str(round(销售金额, 2)), "元   盈利", round(盈利, 2), "元   库存", round(库存长, 2), "m")
print("欢迎下次使用")
```

【3.4 创意实践】示例程序

```
"""
主食每克2卡
肉类每克1.2卡
豆乳制品每克0.5卡
蔬菜水果每克0.2卡
油炸食品每克3卡
"""

import time

try:
    f = open("test.txt", "r")
    x = f.readlines()
```

```python
        f.close()
    if x:
        print("您的前次测试为：")
        print(x[-1])   # 打印列表最后一个值
except FileNotFoundError:
    pass


体重 = float(input("请输入您的体重（千克）："))
身高 = float(input("请输入您的身高（米）："))
主食 = float(input("请输入您摄入了多少千克主食："))
肉类 = float(input("请输入您摄入了多少千克肉类："))
豆乳制品 = float(input("请输入您摄入了多少千克豆乳制品："))
蔬菜水果 = float(input("请输入您摄入了多少千克蔬菜水果："))
油炸食品 = float(input("请输入您摄入了多少千克油炸食品："))

总热量 = 主食 * 2000 + 肉类 * 1200 + 豆乳制品 * 500 + 蔬菜水果 * 200 + 油炸食品 * 3000
if 1500 <= 总热量 <= 3000:
    print("您的总热量是", 总热量, "卡，属于正常范围")
    k = 2
elif 总热量 > 3000:
    print("您的总热量是", 总热量, "卡，超正常范围", (总热量 - 3000), "卡")
    k = 3
else:
    print("您的总热量是", 总热量, "卡，小于正常范围", (1500 - 总热量), "卡")
    k = 1

bmi = round(体重 / (身高**2), 1)
if 18.5 <= bmi <24:
```

```python
        print("您的身体 BMI 指数是 " + str(bmi) + ", 属于正常体重")
        m = 2
elif 24 <= bmi <=28:
        print("您的身体 BMI 指数是 " + str(bmi) + ", 属于偏胖")
        m = 3
elif bmi >= 28:
        print("您的身体 BMI 指数是 " + str(bmi) + ", 属于肥胖")
        m = 4
else:
        print("您的身体 BMI 指数是 " + str(bmi) + ", 属于偏瘦")
        m = 1


if k == 2 and m == 2:
        建议 = "健康,请继续保持"
elif k > 2 and m > 2:
        建议 = "处于亚健康,请减少热量的摄入,控制体重"
elif k <= 2 and m > 2:
        建议 = "处于亚健康,但很高兴看到您已经开始控制热量的摄入,请继续努力"
elif k <= 2 and m < 2:
        建议 = "太瘦弱了,请合理增加热量的摄入"
elif k > 2 and m < 2:
        建议 = "太瘦弱了,提高摄入量是个好选择,但不要暴饮暴食"
else:
        建议 = "健康,但要保持饮食规律"


def 记录(bmi, 总热量, 建议):
    msg = ("结合您的 BMI " + str(bmi) + " 和每日摄入热量总量 " + str(总热
量) + " 卡,您的身体" + 建议 + "。")
```

```
print(msg)
t = time.localtime(time.time())
f = open("test.txt", "a")
f.write("时间: " + str(t[0]) + "年" + str(t[1]) + "月" + str(t[2]) + "日" + str(t[3]) + "时" + str(t[4]) + "分" + str(t[5]) + "秒, ")
f.write(msg + "\n")
f.close()
```

记录(bmi，总热量，建议)

第4章

【4.1 创意实践】示例程序

```
import cv2
new=cv2.imread("YX.jpg")
new1=cv2.imread("YX1.jpg")
new2=cv2.imread("YX2.jpg")
new3=cv2.imread("YX3.jpg")
cv2.imshow("newwindows",new)
cv2.waitKey(1000)
cv2.imshow("newwindows1",new1)
cv2.waitKey(1000)
cv2.imshow("newwindows2",new2)
cv2.waitKey(1000)
cv2.imshow("newwindows3",new3)
key=cv2.waitKey()

if key==ord("a"):
    cv2.destroyWindow('newwindows')
```

```
        cv2.waitKey()
if key==ord("b"):
        cv2.destroyWindow('newwindows1')
        cv2.waitKey()
if key==ord("c"):
        cv2.destroyWindow('newwindows2')
        cv2.waitKey()
if key==ord("d"):
        cv2.destroyWindow('newwindows3')
        cv2.waitKey()
```

【4.2 创意实践】示例程序

```
import cv2
capture = cv2.VideoCapture(0)
while True:
    ret, frame = capture.read()
    frame = cv2.flip(frame, 1)
    cv2.imshow("video", frame)
    c = cv2.waitKey(10)
    if c == ord("q"):
        print("press q")
        break
    if c==ord("b"):
        print("press b")
        cv2.imwrite("mycapture.jpg",frame)
        cv2.imshow("mycapture",frame)
capture.release()
cv2.destroyAllWindows()
```

【4.3 创意实践】示例程序

```
import cv2
```

```python
import numpy as np
img=np.zeros((8,8),dtype=np.uint8)
print('显示A')
img[1,3:5]=255
img[2,2:6]=255
img[3,1:7]=255
img[4,1:3]=255
img[4,5:7]=255
img[5,1:7]=255
img[6,1:3]=255
img[6,5:7]=255
img[7,1:3]=255
img[7,5:7]=255
print(img)
cv2.imshow('显示A',img)
img[:,:]=0
print('显示汉字"王"')
img[1,2:7]=255
img[4,3:6]=255
img[7,2:7]=255
for i in range(1,7):
    img[i,4]=255
print(img)
cv2.imshow('显示汉字"王"',img)
img_big=np.zeros((16,16),dtype=np.uint8)
print('更大的汉字"王"')
img_big[2,3:13]=255
img_big[3,3:13]=255
img_big[7,5:11]=255
```

```
img_big[8,5:11]=255
img_big[12,3:13]=255
img_big[13,3:13]=255
for i in range(2,13):
    img_big[i,7:9]=255
print(img_big)
cv2.imshow('更大的汉字"王"',img_big)
cv2.waitKey()
cv2.destroyAllWindows()
```

【4.4 创意实践】示例程序

```
import cv2
import numpy as np
import random
size=50 # 画布尺寸
img=np.zeros((size,size),dtype=np.uint8) # 设置画布
x=5 # 蛇的初始X坐标
y=5 # 蛇的初始Y坐标
xx=[0] # 蛇身的初始X列表
yy=[0] # 蛇身的初始Y列表
ranx=0 # 设置随机点X坐标
rany=0 # 设置随机点Y坐标
t=0 # 吃"豆"标志位
s=0 # 得分标志位
speedx=0 # 速度标志位用于判读是否加速
speed=300 # 初始速度
speedi=0 # 初始速度等级
c=ord("d") # 初始行走方向
close=ord("d") # 按键按下标志位，没有按下按键返回-1
img[0,:]=255 # 画外框
```

```
img[:,0]=255 # 画外框
img[size-1,:]=255 # 画外框
img[:,size-1]=255 # 画外框
print('速度=',speedi)
while True:
    if t==0 :
        ranx=(random.randint(1,size-1))
        rany=(random.randint(1,size-1))
        while img[ranx,rany]==255 :
            ranx=(random.randint(1,size-1))
            rany=(random.randint(1,size-1))
        img[ranx,rany]=150
        t=1
    cv2.imshow("snake",img)
    close=cv2.waitKey(speed)
    if close != -1:
        c=close
    if c == ord("d"):
        y=y+1
        if y>=size-1:
            img[:,:]=255
            break
        if y<=0:
            img[:,:]=255
            break
        if img[x,y]==255:
            img[:,:]=255
            break
        elif img[x,y]==150:
```

```
            s=s+1
            t=0
            img[x,y]=255
            xx.append(x)
            yy.append(y)
            speedx=speedx+1
            if speedx==4:
                speedx=0
                if speed>0:
                    speed=speed-50
                    speedi=speedi+1
                 print('速度=',speedi)
            print('得分=',s)
    else:
        img[x,y]=255
        xx.append(x)
        yy.append(y)
        img[xx[0],yy[0]]=0
        xx.pop(0)
        yy.pop(0)
if c == ord("a"):
    y=y-1
    if y>=size-1:
        img[:,:]=255
        break
    if y<=0:
        img[:,:]=255
        break
    if img[x,y]==255:
```

```python
            img[:,:]=255
            break
        elif img[x,y]==150:
            s=s+1
            t=0
            img[x,y]=255
            xx.append(x)
            yy.append(y)
            speedx=speedx+1
            if speedx==4:
                speedx=0
                if speed>0:
                    speed=speed-50
                    speedi=speedi+1
                print('速度=',speedi)
            print('得分=',s)
        else:
            img[x,y]=255
            xx.append(x)
            yy.append(y)
            img[xx[0],yy[0]]=0
            xx.pop(0)
            yy.pop(0)
    if c == ord("w"):
        x=x-1
        if x>=size-1:
            img[:,:]=255
            break
        if x<=0:
```

```
            img[:,:]=255
            break
    if img[x,y]==255:
        img[:,:]=255
        break
    elif img[x,y]==150:
        s=s+1
        t=0
        img[x,y]=255
        xx.append(x)
        yy.append(y)
        speedx=speedx+1
        if speedx==4:
            speedx=0
            if speed>0:
                speed=speed-50
                speedi=speedi+1
            print('速度=',speedi)
        print('得分=',s)
    else:
        img[x,y]=255
        xx.append(x)
        yy.append(y)
        img[xx[0],yy[0]]=0
        xx.pop(0)
        yy.pop(0)
if c == ord("s"):
    x=x+1
    if x>=size-1:
```

```
        img[:,:]=255
        break
if x<=0:
    img[:,:]=255
    break
if img[x,y]==255:
    img[:,:]=255
    break
elif img[x,y]==150:
    s=s+1
    t=0
    img[x,y]=255
    xx.append(x)
    yy.append(y)
    speedx=speedx+1
    if speedx==4:
        speedx=0
        if speed>0:
            speed=speed-50
            speedi=speedi+1
        print('速度=',speedi)
    print('得分=',s)
else:
    img[x,y]=255
    xx.append(x)
    yy.append(y)
    img[xx[0],yy[0]]=0
    xx.pop(0)
    yy.pop(0)
```

```
        if c == ord("q"):
            break
cv2.imshow("snake",img)
cv2.waitKey()
cv2.destroyAllWindows()
```

【4.5 创意实践】示例程序

```
import cv2
img=cv2.imread("jt.jpg")
cv2.imshow("Demo",img)# 显示img存储的图像，窗口名称为"Demo"
height,width,channels=img.shape
print(height,width,channels)
sign=img[210:290,205:255]  # 裁剪范围内的图像，其中210:290是行的范围，205:250是列的范围
cv2.imshow("sign",sign) # 显示裁剪后的存储的图像，窗口名称为"sign"
sign=cv2.resize(sign,(200,320)) # 基础图像宽为(255-205=)50，高为(290-210=)80，放大4倍后宽为200、高为320
cv2.imshow("signbig",sign) # 显示放大后的存储的图像，窗口名称为"sign"
car=img[240:300,290:360] # 裁剪范围内的图像，其中240:300是行的范围，290:360是列的范围
cv2.imshow("car",car) # 显示裁剪后的存储的图像，窗口名称为"car"
car=cv2.resize(car,(280,240)) # 基础图像宽为(360-290=)70，高为(300-240=)60，放大4倍后宽为280、高为240
cv2.imshow("carbit",car) # 显示放大后的存储的图像，窗口名称为"car"
cv2.waitKey()
cv2.destroyAllWindows()
```

【4.6 创意实践】示例程序

1. 图片立体特效

```
import cv2
while True:
    img=cv2.imread('YX2.jpg')
    img=cv2.resize(img,(640,480)) # 格式化图像
    cv2.imshow('img',img)
    img_in=img[0:480,213:426] # 裁剪需要立体的图像
    img[0:480,0:213]=img_in # 把裁剪图像写入到画面左侧位置，注意图像尺寸必须一样
    img[0:480,213:426]=img_in # 把裁剪图像写入到画面中间位置，注意图像尺寸必须一样
    img[0:480,427:640]=img_in # 把裁剪图像写入到画面右侧位置，注意图像尺寸必须一样
    img[0:480,209:213]=255 # 画左侧白线
    img[0:480,426:430]=255 # 画右侧白线
    cv2.imshow('video interest',img)
    if ord('q') == cv2.waitKey(40):
        break
cv2.destroyAllWindows()
```

2. 摄像头立体特效

```
import cv2
cap = cv2.VideoCapture(0)  # 创建一个VideoCapture对象、摄像头代号，0为默认摄像头，笔记本电脑内置摄像头一般为 0，或者填写视频名称直接加载本地视频文件
while True:
    flag, frame = cap.read() # 一帧一帧读取视频
    frame = cv2.flip(frame,1) # cv2.flip(frame, 1)，第一个参数是目标图片，第二个参数是旋转类型。参数>0，沿x轴旋转；参数=0，沿y轴旋转；参数<0，同时沿x轴、y轴旋转
```

```python
    cv2.imshow('video all', frame)
    img=frame[0:480,213:426] # 读取裁剪图像
    frame[0:480,0:213]=img # 把裁剪图像写入指定位置，注意图像尺寸必须一样
    frame[0:480,213:426]=img # 把裁剪图像写入指定位置，注意图像尺寸必须一样
    frame[0:480,427:640]=img # 把裁剪图像写入指定位置，注意图像尺寸必须一样
    frame[0:480,209:213]=255 # 画左侧白线
    frame[0:480,426:430]=255 # 画右侧白线
    cv2.imshow('video interest', frame)
    if ord('q') == cv2.waitKey(40):
        break
cv2.destroyAllWindows()
```

【4.7 创意实践】示例程序

```python
import numpy as np
import cv2
logo=np.zeros((480,640,3),np.uint8)*255 # 建立合成画布
left=np.zeros((480,640,3),np.uint8)*255 # 建立左侧画布
right=np.zeros((480,640,3),np.uint8)*255 # 建立右侧画布
cap = cv2.VideoCapture(0) # 创建一个VideoCapture对象、摄像头代号，0为默认摄像头，笔记本电脑内置摄像头一般为 0,或者填写视频名称直接加载本地视频文件
for i in range(0,637):
    flag, frame = cap.read() # 一帧一帧读取视频
    frame = cv2.flip(frame, 1) # cv2.flip(frame, 1)，第一个参数是目标图片,第二个参数是旋转类型。参数>0，沿x轴旋转；参数=0，沿y轴旋转；参数<0，同时沿x轴,y轴旋转
    left=frame[0:480,i] # 裁剪绿线左侧画面
    right=frame[0:480,i+3:640] # 裁剪绿线右侧画面
    logo[0:480,i]=left # 合成左侧画面
    logo[0:480,i+3:640]=right # 合成右侧画面
    logo=cv2.line(logo,(i+3,0),(i+3,480),(0,255,0),3) # 画一条绿线
```

cv2.imshow('logo',logo) # 显示合成画面

　　if ord('q') == cv2.waitKey(40): # 设置退出键

　　　　break

logo[0:480,637:640]=frame[0:480,637:640] # 读取最后一条图像盖住绿线

cv2.imwrite('save.jpg',logo) # 存储合成图像

cv2.destroyAllWindows()

cap.release()

cv2.imshow('logo',logo)

cv2.waitKey()

cv2.destroyAllWindows()

第5章

【5.1 创意实践】示例程序

import cv2

cap=cv2.VideoCapture(0)

face_detect = cv2.CascadeClassifier('haarcascade_frontalface_default.xml') # 创建人脸分类器，这个文件必须和程序放在同一个文件夹里

while True:

　　flag,frame = cap.read()

　　frame = cv2.flip(frame, 1)

　　gray = cv2.cvtColor(frame, code=cv2.COLOR_BGR2GRAY) # 灰度处理

　　face_zone=face_detect.detectMultiScale(gray, scaleFactor = 1.15, minNeighbors=5) # 检查人脸，按照1.15尺度比例，尺度越大速度越快，但可能丢失人脸，周围最小像素为5

　　for (x, y, w, h) in face_zone: # 遍历检测到的人脸位置和大小

　　　　cv2.rectangle(frame, pt1 = (x, y), pt2 = (x+w, y+h), color = [0,0,255], thickness=2) # 框选人脸

　　cv2.imshow('video', frame) # 显示图片

　　if ord('q') == cv2.waitKey(40): # 设置退出键和刷新频率

        break
cv2.destroyAllWindows()
cap.release()

【5.2 创意实践】示例程序

```
import cv2
cap=cv2.VideoCapture(0)
face_detect = cv2.CascadeClassifier('haarcascade_frontalface_default.xml')   # 创建人脸分类器，这个文件必须和程序放在同一个文件夹里
font = cv2.FONT_HERSHEY_SIMPLEX   # 设置字体
while True:
    sn=1
    flag, frame = cap.read()
    frame = cv2.flip(frame, 1)
    gray = cv2.cvtColor(frame, code=cv2.COLOR_BGR2GRAY) # 灰度处理
     face_zone = face_detect.detectMultiScale(gray, scaleFactor = 1.15, minNeighbors = 5) # 检查人脸，按照1.15尺度比例，尺度越大速度越快，但可能丢失人脸，周围最小像素为5
    for (x, y, w, h) in face_zone:   # 遍历检测到的人脸位置和大小
        cv2.rectangle(frame, pt1=(x,y),pt2 =(x+w,y+h),color=[0,0,255],thickness=2) # 框选人脸
        cv2.circle(frame,center=(x+w//2,y-h//2),radius=h//8,color=[0,255,255],thickness=-1) # 根据人脸的坐标在头顶画实心圆
        cv2.putText(frame,str(sn),(x+w//2-h//12,y-h//2+h//12),font,h/120,(255,0,0),2)# 根据人脸的坐标在头顶实心圆中间绘制序号数字
        sn=sn+1
    cv2.imshow('video', frame) # 显示图片
    if ord('q') == cv2.waitKey(40): # 设置退出键和展示频率
        break
cv2.destroyAllWindows() # 释放资源
```

```python
cap.release()
```

【5.3 创意实践】示例程序

```python
from PIL import Image  # 调用PIL函数
import cv2
import numpy as np
face1=Image.open('face1.png')  # PIL模式的读取图片
face2=Image.open('face2.png')  # PIL模式的读取图片
face1=face1.convert("RGBA")  # 将图片设置为透明模式
face2=face2.convert("RGBA")  # 将图片设置为透明模式
cap = cv2.VideoCapture(0)
face_detect = cv2.CascadeClassifier('haarcascade_frontalface_default.xml')
while True:
    sum=0
    flag, frame = cap.read()
    frame = cv2.flip(frame, 1)
    gray = cv2.cvtColor(frame, code=cv2.COLOR_BGR2GRAY)  # 灰度处理
    face_zone = face_detect.detectMultiScale(gray, scaleFactor = 1.15, minNeighbors = 5) # 检查人脸
    for (x, y, w, h) in face_zone:
        sum=sum+1
        face_resize1=face1.resize((w,h))  # 修改图片大小
        face_resize2=face2.resize((w,h))  # 修改图片大小
        cv2img = cv2.cvtColor(frame, cv2.COLOR_BGR2RGB) # cv2和PIL中颜色的储存顺序不同，BGR转为RGB
        pilimg = Image.fromarray(cv2img) # 将数组转化成图片
        layer = Image.new("RGBA",pilimg.size,(0,0,0,0)) # 建立与摄像头尺寸相同的遮罩层
        if sum==1:
```

```python
            layer.paste(face_resize1,(x,y)) # 贴图
        else:
            layer.paste(face_resize2,(x,y)) # 贴图
        out = Image.composite(layer,pilimg,layer) # 合成遮罩层与人脸层
        frame = cv2.cvtColor(np.array(out), cv2.COLOR_RGB2BGR) # 处理完
的图像转回OpenCV的格式
    cv2.imshow('video', frame) # 显示图片
    if ord('q') == cv2.waitKey(40): # 设置退出键和展示频率
        break
cap.release()
cv2.destroyAllWindows()
```

【5.4 创意实践】示例程序

```python
import cv2
k=0
con=0
c=0
cap=cv2.VideoCapture(0)
face_detect=cv2.CascadeClassifier('haarcascade_frontalface_default.xml')  # 创建人脸分类器，这个文件必须和程序放在同一个文件夹里
font = cv2.FONT_HERSHEY_SIMPLEX   # 设置字体
while (k==0):
    flag,frame=cap.read()
    frame=cv2.flip(frame, 1)
    frame=cv2.line(frame,(150,200),(500,200),(0,255,0),10) # 设置通道绿色上壁
    frame=cv2.line(frame,(150,300),(500,300),(0,255,0),10) # 设置通道绿色下壁
    frame=cv2.line(frame,(150,200),(150,300),(255,0,0),10) # 设置通道蓝色起始壁
```

```python
        frame=cv2.line(frame,(500,200),(500,300),(255,0,0),10) # 设置通道蓝色终点壁
        gray=cv2.cvtColor(frame, code=cv2.COLOR_BGR2GRAY) # 灰度处理
        face_zone=face_detect.detectMultiScale(gray,scaleFactor=1.1,minNeighbors=5,minSize=(230,230),maxSize=(230,230)) # 按照1.1尺度比例检查人脸，周围最小像素为5，最大、最小检测人脸（230，230）
        for (x,y,w,h) in face_zone:   # 遍历检测到的人脸位置和大小
            cv2.circle(frame,center=(x+w//2,y+h//2),radius=h//50,color=[0,0,255],thickness=-1) # 根据人脸的坐标在中心画实心圆
            if ((y<100 and y>70) or  (y>180 and y<190)) and (x>100 and x<400):
                print(y)
                k=1
            if (y>=90 and y<=160) and x>400 and c==0:
                con=con+1
                print('成功'+str(con)+'次')
                c=1
            if x<48:
                c=0
        cv2.putText(frame,'success'+str(con),(460,50),font,0.8,(0,255,255),2)
# 在屏幕右上角显示相关信息
        if c==1:
            cv2.circle(frame,center=(450,45),radius=8,color=[0,0,255],thickness=-1) # 在屏幕右上角显示红点
        else:
            cv2.circle(frame,center=(450,45),radius=8,color=[0,255,0],thickness=-1) # 在屏幕右上角显示绿点
        cv2.imshow('video', frame) # 显示图片
        if ord('q') == cv2.waitKey(40): # 设置退出键和展示频率
            break
```

```
frame[:,:]=255 # 显示白屏
cv2.imshow('video', frame) # 显示图片
cv2.waitKey()
cv2.destroyAllWindows() # 释放资源
cap.release()
```

【5.5 创意实践】示例程序

```
import cv2
detector = cv2.CascadeClassifier('haarcascade_frontalface_default.xml')
# 加载人脸分类器
cap = cv2.VideoCapture(0)
sampleNum = 0 # 初始化人脸采集数量
font = cv2.FONT_HERSHEY_SIMPLEX
Id = input('enter your id: ') # 输入人脸ID
while True:
    ret, img = cap.read() # 读取摄像头图像
    gray = cv2.cvtColor(img, cv2.COLOR_BGR2GRAY) # 转换灰度图
    faces = detector.detectMultiScale(gray, scaleFactor = 1.2, minNeighbors = 5,minSize=(200,200)) # 人脸检测，为保证数据质量限制最小检测大小
        for (x, y, w, h) in faces:cv2.rectangle(img,(x,y),(x+w,y+h),(255,0,0),2)
# 框选人脸
        sampleNum = sampleNum + 1 # 人脸采集数量+1
        cv2.putText(img,'No:'+str(sampleNum), (x, y-10), font, w/150, (0,0, 255), 3)
        cv2.imwrite("dataSet/User." + str(Id) + '.' + str(sampleNum) + ".jpg", gray[y:y + h, x:x + w]) # 按照命名规则写入当前框选采集的人脸
        cv2.imshow('frame', img) # 显示图像
    if ord('q') == cv2.waitKey(100): # 增加100毫秒延时，并判断是否'q'键按下，按下则跳出循环
        break
```

```
        elif sampleNum >= 20: # 如果人脸采集数量大于20，退出循环
            break
cap.release() # 释放摄像头
cv2.destroyAllWindows() # 关闭所有窗口
```

【5.6 创意实践】示例程序

```
import cv2 # 导入OpenCV库
import os # 导入os库，用于文件处理
import numpy as np # 导入Numpy库，用于计算
from PIL import Image # 导入Pillow库，用于处理图像
detector = cv2.CascadeClassifier("haarcascade_frontalface_default.xml")
# 人脸检测器
recognizer = cv2.face.LBPHFaceRecognizer_create() # 创建识别器
def get_images_and_labels(path): # 创建函数，用于从人脸数据集文件夹中获取训练图片及ID
    c=0
    image_paths=os.listdir(path)  # 获取文件名形成列表
    for i in image_paths: # 遍历文件名与路径连接
        image_paths[c]=os.path.join(path,i)
        c=c+1
    face_samples = [] # 存放人脸图片数组
    ids = []# 存放id
    for image_path in image_paths:
        image = Image.open(image_path).convert('L') # 通过图片路径并将其转换为灰度图片
        image_np = np.array(image, 'uint8') # 将图片转换成了Numpy数组
        if os.path.split(image_path)[-1].split(".")[-1] != 'jpg': # 判断文件是否是jpg文件，如果不是则continue
            continue
        image_id = int(os.path.split(image_path)[-1].split(".")[1]) # 获
```

取文件名中的ID信息

```
        faces = detector.detectMultiScale(image_np) # 人脸检测
        for (x, y, w, h) in faces:
            face_samples.append(image_np[y:y + h, x:x + w]) # 添加人脸图片数据
            ids.append(image_id) # 添加id
    return face_samples, ids # 返回人脸图片数组和id值
faces, Ids = get_images_and_labels('dataSet') # 使用函数读取数据
recognizer.train(faces, np.array(Ids)) # 训练数据
recognizer.save('trainer.yml') # 生成训练数据模型
print('训练完成')
```

【5.7 创意实践】示例程序

```
import cv2
import numpy as np
recognizer = cv2.face.LBPHFaceRecognizer_create() # 识别器
recognizer.read('trainer.yml') # 读取训练数据模型
face_cascade = cv2.CascadeClassifier("haarcascade_frontalface_default.xml") # 人脸检测器
cap = cv2.VideoCapture(0) # 设置摄像头
font = cv2.FONT_HERSHEY_SIMPLEX # 设置字体
while True:
    ret, im = cap.read() # 读取图像
    im = cv2.flip(im, 1) # 图像反转
    gray = cv2.cvtColor(im, cv2.COLOR_BGR2GRAY) # 转换灰度图
    faces = face_cascade.detectMultiScale(gray, 1.3, 5) # 人脸检测
    for (x, y, w, h) in faces:
        cv2.rectangle(im, (x-20, y-20), (x + w+20, y + h+20), (0, 255, 0), 2) # 人脸框选
        Label, confidence = recognizer.predict(gray[y:y + h, x:x + w])
```

```python
# 人脸识别
        print("label=",Label) # 打印索引标签
        print("confidence=",confidence) # 打印相似度
        if confidence <=70: # 判断相似度
            if Label == 1: # 如果相似度满足判断标签
                img_id = 'teacher' # 设置ID名称
            elif Label == 2:
                img_id = 'student'
        else:
            img_id = "Unknown" # 相似度不满足设置ID名称为"Unknown"
            cv2.putText(im, str(img_id), (x+2, y+h-2), font, 0.55, (0, 255, 0), 1) # 显示文字标签
            cv2.imshow('im', im) # 显示图像
    if ord('q')==cv2.waitKey(10): # 设置退出
        break
cap.release() # 释放摄像头
cv2.destroyAllWindows() # 关闭所有窗口
```